MensSana

Über den Autor:
Erich Bauer, geb. 1942, von der BILD-Zeitung zu Deutschlands »Kultastrologen« erhoben, sagt täglich Millionen Menschen, wie der Mond steht und was er bewirkt. In diesem Buch geht er ins Detail und verrät die günstigsten Zeitpunkte.
Er ist Chefastrologe der weltweit größten Astrologie-Zeitschrift »Astrowoche«, bekannt durch regelmäßige astrologische Beiträge in Zeitschriften, Radio und im Fernsehen und Verfasser zahlreicher Veröffentlichungen über Astrologie und verwandte Themen. Erich Bauer betreibt eine eigene astrologisch-therapeutische Praxis in München und führt astrologische Seminare und Einzelsitzungen durch.

Erich Bauer

Alles über das Sternzeichen

STEINBOCK
22. 12. – 20. 1.

MensSana

Besuchen Sie uns im Internet: www.knaur.de
Alle Titel aus dem Bereich MensSana finden Sie im Internet unter
www.mens-sana.de

Überarbeitete Neuausgabe November 2010
Knaur Taschenbuch. Ein Unternehmen der Droemerschen Verlagsanstalt
Th. Knaur Nachf. GmbH & Co. KG, München
Copyright © 2010 Knaur Taschenbuch
Redaktion: Ralf Lay
Abbildungen: Erich Bauer
Umschlaggestaltung: ZERO Werbeagentur, München
Umschlagabbildung: FinePic®, München
Satz: Wilhelm Vornehm, München
Druck und Bindung: CPI – Clausen & Bosse, Leck
Printed in Germany
ISBN 978-3-426-87522-3

2   4   5   3   1

Steinbock

22. Dezember bis 20. Januar

DIE FAKTEN

Element *Erde* als Urstoff allen Lebens. Struktur, Kristallisation, Festigkeit, Dauer, Ewigkeit.

Qualität *Kardinal* Drängend, dynamisch, durchsetzend, expansiv.

Polung *Minus* Weiblich, Yin, konzentrierend, bewahrend, formierend.

Symbolik *Steinbock* als Wesen der Bergwelt, genügsam, ausdauernd.

Zeitqualität *22. Dezember bis 20. Januar* Winter als Zeitabschnitt der Härte und Überlebensschulung.

Herrscherplanet *Saturn* als Vertreter der Wahrheit und Herrscher dessen, was ist.

Stärken

Sachlich, objektiv, gerecht, methodisch, zäh.

Reiseziele

Stadt Münster, Moskau, Port Said
Land Albanien, Afghanistan, Mexiko
Landschaft Gebirge, karge Landschaft

Magische Helfer

Farbe Weiß
Stein Schwarzer Edelonyx
Baum Eiche
Tier Eisbär
Duft Lorbeer

Die Persönlichkeit

10 Durchsetzung
4 Besitzstreben
1 Kontakt
7 Familie
3 Genuss
10 Pflicht
4 Liebe
9 Bindung
5 Ideale
10 Ehrgeiz
4 Originalität
6 Transzendenz

Inhalt

Teil II – Die ganz persönlichen Eigenschaften

Vorwort

Astrologie ist eine wunderbare Sache

Sie verbindet den Menschen mit dem Himmel, richtet seinen Blick nach oben in die Unendlichkeit. Vielleicht steckt hinter dem Interesse an ihr zutiefst die Sehnsucht nach unserem Ursprung, unserem Zuhause, nach Gott oder wie immer man das Geheimnisvolle, Unbekannte nennen will.

Astrologie ist uralt und trotzdem hochaktuell

Die ersten Zeugnisse einer Sternenkunde liegen Tausende von Jahren zurück. Und dennoch ist sie brandneu. Es scheint, als hätte sie nichts von ihrer Faszination verloren. Natürlich hat sich die Art und Weise astrologischer Beschäftigung verändert. Während früher noch der Astrologe persönlich in den Himmel schaute, studiert er heute seinen Computerbildschirm. Damals konnte man nur von einem Kundigen eingeweiht werden, heute finden sich beinah in jeder Zeitung astrologische Prognosen.

Astrologie ist populär

Jeder kennt die zwölf Tierkreiszeichen. Man kann eigentlich einen x-beliebigen Menschen auf der Straße ansprechen und ihn nach seiner Meinung fragen: Er weiß fast immer Bescheid, sowohl über sein eigenes Sternzeichen als auch über die meisten anderen. Die zwölf astrologischen Zeichen sind Archetypen, die im Unterbewusstsein ruhen und auf die man jederzeit zurückgreifen kann.

Astrologie schenkt Sicherheit

Der Einzelne findet sich eingebettet in einer gütigen und wohlwollenden Matrix, ist aufgehoben, hat seinen Platz, so wie auch alle anderen ihren Platz haben.

Astrologie kann gefährlich sein

Die Astrologie liefert ein perfektes System. Konstellationen, die sich auf Bruchteile von Sekunden berechnen lassen, blenden und machen glauben, man habe es mit einer exakten Wissenschaft zu tun. Genau das ist aber falsch. Die Astrologie ist viel eher eine Kunst oder eine Philosophie. Ihre Vorhersagen sind immer nur ungefähr, zeigen eine Möglichkeit, sind aber kein Dogma. Astrologen wie Ratsuchende driften, wenn sie nicht achtgeben, leicht in eine Pseudowelt ab. In ihr ist zwar alles in sich stimmig, allein es fehlt am validen Bezug zur Wirklichkeit.

Ich bin Astrologe aus Passion

Ich lebe in dieser Welt, aber ich weiß auch, dass sie nicht alles offenbart. Ich freue mich, die Gestirne als Freunde zu haben, und glaube, dass ich so mein Schicksal gütig stimme. Das ist eine Hoffnung, kein Wissen.

Ich wünsche Ihnen beim Lesen Spaß und Spannung – und dass Sie sich selbst und andere besser verstehen.

Erich Bauer, im Frühjahr 2010

Einleitung:
Eine kurze Geschichte der Astrologie

Am Anfang jeder Geschichte der Astrologie steht das Bild des nächtlichen, mit Sternen übersäten Himmels. Der Mensch früherer Zeiten hat ihn sicher anders erlebt als wir. Er wusste nichts von Lichtjahren und galaktischen Nebeln. Er erschaute das Firmament eher vergleichbar einem Kind. Und als Kind der Frühzeit sah er sich nicht, wie wir heute, als getrennt von diesem Himmel, sondern als eins mit ihm. Er fand sich in allem und fand alles in sich. Und er folgte dem Rhythmus dieses großen Ganzen, ähnlich wie ein Kind seiner Mutter folgt. Dabei fühlte er sich wohl getragen und geborgen.

Wann die Menschheit anfing, sich aus diesem Gefühl der Allverbundenheit zu lösen, ist schwer zu sagen. Die überlieferten Zeichen sind rar und rätselhaft. Aber als der Homo sapiens begann, die Sterne zu deuten, war er dem großen Ozean seit Äonen entstiegen, er sah sich und den Himmel längst als getrennte Einheiten. Doch kam es irgendwann dazu, dass der Mensch Beziehungen zwischen den Sternbildern und dem Leben auf der Erde wiederentdeckte, deren Kenntnis er eigentlich schon immer besaß. Beispielsweise erlebte er, dass ein Krieg ausbrach, während am Himmel ein Komet auftauchte und die normale Ordnung der Sterne störte. Oder er empfand großes Glück, während sich am Firmament zwei besonders helle Lichter trafen. Er begann solch auffällige Lichter mit Namen zu versehen: »Helios« beispielsweise – oder »Jupiter«, »Mars« oder »Venus«. Er ging sogar dazu über, bestimmte Sterne als Gruppen (Sternbilder) zusammenzufassen und ihnen Namen zu geben, etwa »Widder« oder »Großer Wagen«. Immer wieder beobachtete er typische Gestirnskonstellationen, die parallel zu markanten Ereignissen auf der Erde auftraten. Nach den Gesetzen der Logik entwickelte er aus diesen Zusammenhängen mit der Zeit eine Wissenschaft, die Astrologie, die ihm zum Beispiel die Schlussfolgerung erlaubte, dass auf der

Erde Gefahr droht, wenn Mars in das Tierkreiszeichen Skorpion eintritt. So fand der Mensch allmählich seine verlorene Einheit wieder und baute eine Brücke, die ihn mit seinem Urwissen verband, das er im Inneren seiner Seele aber nie wirklich verloren hatte.

Der Ursprung

Die Urheimat der Sternkunde war nach heutigem Erkenntnisstand Mesopotamien, das Land zwischen den Flüssen Euphrat und Tigris, das jetzt »Irak« heißt. Dort war der menschliche Geist wohl am kühnsten und vollzog als Erster endgültig die Trennung zwischen Mensch und Schöpfung. Die Sterne am Himmel bekamen Götternamen, etwa den des Sonnengotts Schamasch und der Göttin Ischtar, die auch als Tochter der Mondgöttin verehrt wurde und die sich als leuchtender Venusstern offenbarte. Da der Mond, die Sonne und einige andere Lichter im Vergleich zu den Fixsternen scheinbar wanderten, nannte man diese Planeten »umherirrende« oder »wilde Schafe« und unterschied sie von den »festgebundenen« oder »zahmen Schafen« – den Fixsternen, die vom Sternbild Orion, dem »guten Hirten«, bewacht wurden. Der größte Planet des Sonnensystems, mit heutigem Namen »Jupiter«, war im Land zwischen den zwei Strömen ein Sinnbild des Schöpfergottes Marduk. Sein Sohn und Begleiter hieß »Nabu« und wurde später zu »Merkur«. Das rötlich funkelnde Gestirn Mars wiederum war die Heimat des Herrn der Waffen, der genauso als Rachegott angesehen wurde. Saturn war ebenfalls bereits entdeckt worden und wurde als eine »müde Sonne« betrachtet. Außerdem galt Saturn als Gott der Gerechtigkeit, Ordnung und Beständigkeit. Gemeinsam mit anderen Göttern erhob sich schließlich der Rat der zwölf Gottheiten, und damit hatten auch die zwölf verschiedenen astrologischen Prinzipien ihren Auftritt. Zu all diesen Erkenntnissen kam man im Zweistromland etwa zwischen dem 7. und 4. vorchristlichen Jahrhundert.

Man hat Tafeln aus dem 2. Jahrhundert vor Christus gefunden, auf denen Beobachtungen über den Lauf von Sonne, Mars und Venus eingezeichnet waren. Auch Zeugnisse von ersten Geburtshoroskopen stammen aus dieser Zeit. Im Jahr 1847 wurden bei den Ruinen von Ninive 25 000 Tontafeln ausgegraben. Man datierte sie ins Jahr 600 vor Christus. Auf einem Teil dieser Tafeln befinden sich Weissagungen, die, mit etwas Zeitgeist aufgefrischt, ohne weiteres der astrologischen Seite einer modernen Tageszeitung entstammen könnten: »Wenn Venus mit ihrem Feuerlicht die Braut des Widders beleuchtet, dessen Schwanz dunkel ist und dessen Hörner hell leuchten, so werden Regen und Hochflut das Land verwüsten.«

Das ist eine »professionelle« astrologische Vorhersage. Damit war Spezialistentum an die Stelle einer ganzheitlichen Naturerfahrung getreten. Denn inzwischen hatte nur der fachkundige Astrologe die Zeit und das Wissen, den Himmel zu studieren, um daraus Rückschlüsse auf die Ereignisse im Weltgeschehen zu ziehen. Bald musste dieser Fachmann auch nicht einmal mehr den Himmel selbst beobachten. Spätestens im 1. Jahrhundert vor Christus gab es Ephemeriden. Das sind Bücher, aus denen die Stellung der Gestirne zu jeder beliebigen Zeit herausgelesen werden kann. Die Astrologie, wie sie auch heute noch betrieben wird, war damit endgültig geboren.

Die Blüte

In den nun folgenden anderthalbtausend Jahren erlebte die Astrologie eine Blütezeit kolossalen Ausmaßes. Dafür steht ein so bedeutender Name wie Claudius Ptolemäus. Er lebte im 2. Jahrhundert nach Christus und vertrat das geozentrische Weltbild mit der Erde im Mittelpunkt, auf das sich die Menschheit nach ihm noch länger als ein Jahrtausend beziehen sollte. Er war Geograph, Mathematiker und ein berühmter Astrologe und Astronom, der das bis in unsere Zeit fast unverändert Regelwerk der Astrologie verfasste, den *Tetrabiblos*, welcher aus vier Büchern besteht. Darin riet er zu einer sorgfältigen Gesamtschau des Geburtshoroskops. Er erwähnte auch, dass man bei der Beurteilung eines Menschen ebenso dessen Milieu und Erziehung berücksichtigen solle, was einer modernen ganzheitlichen psychologischen Betrachtungsweise entspricht.

Eine spätere Berühmtheit in der Geschichte der Astrologie war Philippus Theophrastus Bombastus von Hohenheim (1493–1541), der sich selbst stolz »Paracelsus« nannte. Er war Arzt, Alchemist sowie Philosoph, und von ihm stammt jener von Astrologen so viel zitierte Satz: »Ein guter Arzt muss immer auch ein guter Astronomus sein.« Dazwischen lebte der Bischof Isidor von Sevilla (560–636). Er schrieb, ein Arzt solle immer auch sternkundig sein. Erwähnt werden muss natürlich die berühmte weibliche Vertreterin einer sternenkundigen Heilkunst Hildegard von Bingen (1098–1179). Sie war fasziniert von den Analogien zwischen Himmel und Erde, sammelte Kräuter, pflanzte sie im Klostergarten an und schrieb über die Wirkung der Mondphasen. Sicher war die heilige Hildegard nicht der einzige weibliche astrologisch denkende Mensch. Aber ihr Name sei hier stellvertretend genannt für all die Frauen, die als Tempelpriesterinnen, Nonnen und angebliche Hexen ihr ganzheitliches Wissen über die Jahrhunderte hinweg weitergegeben haben.

Bis ins 16. Jahrhundert dauerte die Hoch-Zeit der Astrologie. Beinah alle angesehenen Denker – wie Platon und Aristoteles im Altertum, Naturwissenschaftler wie Nikolaus Kopernikus (1473–1543), Johannes Kepler (1571–1630) und Galileo Galilei (1564–1624) – dachten astrologisch und berechneten auch Horoskope. Am bekanntesten ist das von Kepler angefertigte Horoskop Wallensteins aus dem Jahr 1608. Die Astrologie wurde an den Universitäten gelehrt, und auch viele Bischöfe und einige Päpste förderten die Sternkunde. Wie es heute selbstverständlich ist, dass ein Naturwissenschaftler Einsteins Relativitätstheorie kennt und versteht, so war damals jeder denkende Kopf in der Astrologie bewandert.

Der Niedergang

Bereits Ende des 16. Jahrhunderts hatte die Astrologie ihren guten Ruf in vielen Ländern Europas verloren. Es gab päpstliche Anordnungen wie die Bulle »Constitutio coeli et terrae« von 1586, in der ein Verbot der Astrologie ausgesprochen wurde, und die meisten Universitäten schafften ihren Lehrstuhl für Astrologie ab.

Worauf war dieser rapide Niedergang zurückzuführen? Es gibt sicher zahlreiche Gründe. Der wichtigste ist, dass sich der menschliche Geist von den Fesseln tradierter Vorstellungen zu befreien begann. Er löste sich mit der Reformation von Rom und später mit der Französischen Revolution von seinen königlichen und kaiserlichen »Göttern«. Da war es nur konsequent, sich auch von den »Göttern am Himmel« loszusagen. Der zweite Grund war der, dass sich im Laufe der Zeit grobe Fehler astrologischer Vorhersagen herumsprachen. So hatte es wohl keine Prophezeiung gegeben, die den Dreißigjährigen Krieg oder die Pest rechtzeitig in den Sternen sah. Der dritte Grund wird häufig von den professionellen Astrologen angeführt. Sie behaupten, dass die falschen Propheten, also die unseriösen Astrologen, der wahrhaften Sterndeutekunst das Aus bescherten. Eine Kunst wie die Astrologie lockt natürlich auch faustische Gestalten an, die davon besessen sind, dem Schicksal einen Schritt voraus zu sein. Solche Schwarmgeister und falschen Propheten haben der Astrologie bestimmt geschadet, besonders auch, weil durch die Erfindung der Buchdruckerkunst jede selbst noch so törichte Prophezeiung in einer hohen Auflage verbreitet werden konnte. Aber den guten Ruf der Astrologie haben letztlich auch sie nicht ruiniert.

Nein, es waren die Astrologen selbst. Als im 16. und 17. Jahrhundert durch immer neue Entdeckungen die Erde ihre zentrale Stellung verlor und sich ein völlig neues naturwissenschaftliches Verständnis durchsetzte, versuchte die Astrologie mitzuhalten und verlor wegen ihrer unhaltbaren Thesen jeden Kredit in den gelehrten Kreisen. Schon Kepler, der seiner Zeit um Jahrzehnte voraus war, hatte die Astrologen gewarnt und ihnen geraten, ihre Kunst nicht auf einen naturwissenschaftlichen, sondern auf einen philosophischen Boden zu stellen. Er sagte, es sei unmöglich, zu denken, dass die Sterne mittels irgendwelcher Strahlungen die menschliche Seele berühren könnten. Er sprach in diesem Zusammenhang von einem astrologischen Instinkt, der im menschlichen Geist verankert sei. Aber sein »psychologischer Ansatz« wurde überhört und ging schließlich völlig unter. Die Astrologen sahen sich im Gegenteil dazu veranlasst, immer hanebüchenere »wissenschaftliche« Thesen aufzustellen. Die Folge war ein gewaltiges Gelächter der gesamten gelehrten Welt im 17. Jahrhundert, das bis heute noch nicht verklungen ist.

Der Neubeginn

Erst im 19. und dann besonders im 20. Jahrhundert besann sich der Mensch wieder vermehrt seiner fernen Vergangenheit. Der Schweizer Psychiater C. G. Jung etwa sagte, dass die Astrologen endlich darangehen müssten, ihre Projektionen, die sie vor Jahrtausenden an den Himmel geworfen hätten, wieder auf die Erde zurückzuholen. In jeder menschlichen Seele seien die Kräfte der astrologischen Archetypen, der archaischen Urbilder, enthalten und dort wirksam. So wird der Raum am Himmel mit den Zeichen und Planeten zu einer Landkarte menschlicher Anschauung. Dabei ist es nicht so, dass zum Beispiel der Planet Mars die Geschicke *bestimmt*, sondern er *zeigt* durch seine Position den Gesetzen der Analogie folgend *auf*, was in der menschlichen Seele vor sich geht.

Nach seiner jahrtausendelangen Reise heraus aus der Allverbundenheit hat der Mensch also begonnen, den Bezug zu seinen Ursprüngen wiederherzustellen. Er besinnt sich als kritischer und freier Geist darauf, was schon immer in ihm vorhanden war. Damit beginnt die Ära einer psychologischen oder philosophischen Astrologie. Und das ist auch die Geburtsstunde einer Astrologie, die ganzheitlich denkt und arbeitet.

In etwa parallel zu dieser allmählichen Hinwendung zur Psychologie und Philosophie übernahmen Computer mit entsprechender Software den komplexen Rechenvorgang zur Erstellung eines Geburtshoroskops. Bis vor vielleicht zehn, zwanzig Jahren gehörte es zum Standardkönnen eines jeden Astrologen, Horoskope zu berechnen und zu zeichnen. Dies ist sehr wahrscheinlich einer der Gründe, warum Frauen unter den Sterndeutern damals deutlich in der Minderzahl waren. Es ist einfach nicht ihr Metier, sich mit trockenen Zahlen und komplizierten Berechnungen herumzuschlagen, wo es doch um seelische Vorgänge geht – und diese Feststellung ist in keiner Weise abwertend gemeint, denn heute sind Frauen unter den Astrologen bei weitem in der Überzahl.

Der PC spuckt nach Eingabe von Name, Geburtsdatum, -ort und -zeit in Sekundenschnelle das Horoskop aus. Die astrologische Kunst scheint jetzt »nur« noch darin zu bestehen, die Konstellationen richtig zu deuten. Und auch hier ersetzt der Computer mehr und mehr den Astrologen. Es gibt schon seit einigen Jahren Programme, die mit entsprechenden Textbausteinen zu bemerkenswert treffenden Aussagen kommen. Ist dies nun das Ende der Sterndeuter? Ich meine: im Gegenteil! Überlassen wir dem »Computer-Astrologen« ruhig die Grundarbeit. Das spart Zeit. Dafür kann der »Mensch-Astrologe« die einzelnen Fakten im Sinne einer ganzheitlichen Schau zusammentragen und sich völlig dem Verständnis der einmaligen, individuellen Persönlichkeit widmen. Ebendafür ist ein großes Maß an Intuition, die ja gerade eine weibliche Stärke ist, mit Sicherheit von Vorteil.

Teil I
Das Tierkreiszeichen

Wichtiges und Grundsätzliches

Die Erde dreht sich bekanntlich einmal im Jahr um die Sonne. Von uns aus gesehen, scheint es aber so zu sein, dass die Sonne eine kreisförmige Bahn um die Erde beschreibt. Der Astrologie wird vielfach vorgeworfen, sie ignoriere diesen grundlegenden Unterschied. In Wirklichkeit ist er für die astrologischen Horoskopdeutungen jedoch nicht von Bedeutung.

Diesen in den Himmel projizierten Kreis nennt man »Ekliptik«. Die Ekliptik wird in zwölf gleich große Abschnitte gegliedert, denen die Namen der zwölf Stern- bzw. Tierkreiszeichen zugeordnet sind. Zwischen dem 22. Dezember und dem 20. Januar durchläuft die Sonne gerade den Abschnitt Steinbock, weswegen dieses Tierkreiszeichen auch das »Sonnenzeichen« genannt wird.

Beginnen wir jetzt mit der Betrachtung des Sonnen- oder Tierkreiszeichens, dem dieser Band gewidmet ist, um zunächst einmal herauszufinden, was denn nun »typisch Steinbock« ist.

Wie wird man ein Steinbock?

Kinder des Himmels

Wer sich Anfang August unter dem nächtlichen Himmel auf die Suche nach dem Sternbild des Steinbocks macht, braucht einen Blick über weites, ebenes Land oder von einem Berg herab. Nur so kann er tief im Süden, ganz nah am Horizont, neun bis zehn schwach leuchtende Sterne erkennen, die das Auge wie selbstverständlich zu einem massiven Dreieck verbindet. Auf einer der Dreiecksspitzen befindet sich ein Fortsatz, eine Art Horn.

Albrecht Dürer (1471–1528) wurde von der Anordnung der Sterne und dem Namen »Steinbock« inspiriert und gestaltete in seiner Abbildung des Himmels ein mächtiges Tier mit großen, schweren Hörnern, das majestätisch und selbstzufrieden auf der gedachten Linie der Ekliptik kauert. Auch im Betrachter mag sich ein Gefühl erhabener Ruhe ausbreiten: Er begegnet dem Sinnbild des Steinbocks, der über dem Leben thront.

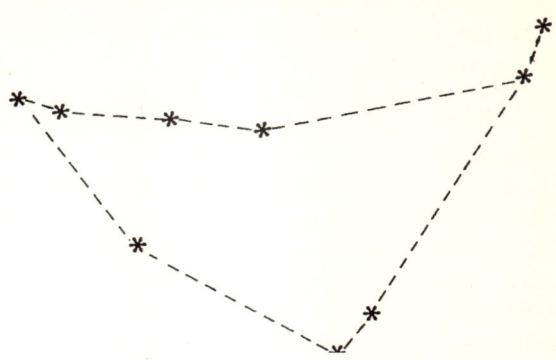

Kinder ihrer Jahreszeit

Wenn die Sonne für die nördliche Erde ihren tiefsten Stand erreicht hat und die Nacht am längsten verweilt, beginnt die unerbittliche Zeit des Winters. Eis und Schnee regieren das Land, bannen springendes Wasser und türmen es zu bizarren gläsernen Kaskaden auf. Wie ein weicher weißer Teppich fällt der Schnee und erstickt jeden Laut. Die Luft ist unendlich klar, und das Licht der Sonne bricht sich am gläsernen Schliff des Winters. Nachts finden selbst die Sterne einen funkelnden Widerschein im Spiegel der schneebedeckten Erde.

Das Leben flieht vor dem eisigen Hauch, zieht sich tief in Wurzeln und Samen zurück. Die Tierwelt verschläft in Löchern oder Höhlen ihre Zeit, ernährt sich von der gesammelten Nahrung des Sommers oder scharrt karges Moos und Rinde vom Baum ab.

Was den Winter überdauern will, muss geschaffen sein für die kalte Jahreszeit, braucht Härte, Ausdauer und die Fähigkeit, in seinem Innersten ruhend zu verharren.

Kinder der Kultur

Mit Beginn der Steinbockzeit im Dezember feierten die Völker Mitteleuropas die geweihten Nächte. Man nannte sie auch »Rauh-« oder »Zwischennächte«. Sie entsprechen dem scheinbaren Stillstand der Sonne und dauern zwölf Tage.

Die Bräuche waren von Land zu Land verschieden, aber immer feierte man symbolisch die ewige Lebenskraft. Vielerorts schnitt man jetzt Mistel, Efeu oder Tannenzweige ab. Diese immergrünen Pflanzen galten als Träger besonders magischer Kräfte. So schrieb Cäsar in einem Reisebericht über die germanischen Druiden, dass jene die Unsterblichkeit der Seelen auch mit Hilfe von frisch geschnittenen Mistelzweigen beschworen. Im Weihnachtsfest lebt dieser Glaube fort: Der geschmückte Tannenbaum ist ein uralter heidnischer Brauch in christlichem Gewand.

In der Dunkelheit der zwölf langen Nächte, während deren die Sonne bis zu sechzehn Stunden unter dem Horizont verweilt, suchte die archaische Seele der Menschen nach Zeichen unvergänglicher Lebenskraft. Denn in den Rauhnächten hatten die Geister der Verstorbenen und andere furchterregende Kräfte besonders viel Gelegenheit, ihr Unwesen zu treiben. Man nannte sie das »Totenvolk«, »Frau Holle« und »Perchta«, das »Nachtvolk« oder »Wodans Heer und seine wilden Reiter«. Um sie zu bannen, stellte man immergrüne Bäume auf oder überließ ihnen ein Opferschaf. In Italien gibt es noch heute den Brauch, beim Weihnachtsessen ein Gedeck für eine verstorbene Seele auf den Tisch zu legen. Selbst die beliebte Weihnachtsgans unserer Zeit war früher als Opfertier gedacht, und man darf ruhig vermuten, dass den Geschenken, die man am Heiligen Abend überreicht, ein Rest magischen Glaubens innewohnt, hierdurch den Zorn bei seinen Mitmenschen zu bannen.

Unsere heutigen Bräuche zur Silvesternacht haben ebenfalls uralte Wurzeln. So nannte man die »rauhen Nächte« auch »Lostage« oder »Schlussnächte«; und da man glaubte, in dieser Zeit sein zukünftiges Glück »auslosen« zu können, warf man zum Beispiel erhitztes Zinn oder Blei ins Wasser, um aus der Form die Zukunft zu erkennen. Auch das Feuerwerk in der Neujahrsnacht beruht auf dem Glauben, durch Lärm die bösen Geister zu vertreiben.

Mit dem Licht der wiederkehrenden Sonne, die jetzt täglich etwas länger über dem Horizont verweilt, sah man in die Zukunft – und man blickte zurück: In manchen Gegenden zahlte man das Gesinde aus, gab Lob und Tadel und legte über das vergangene Jahr Rechenschaft ab: was ausgegeben und was eingenommen wurde – und was letzten Endes übrig blieb. In unserer Zeit führt man Anfang Januar die Inventur durch.

Kinder der Tierwelt

Weil der Steinbock auf der Flucht vor den Menschen in immer entferntere Regionen der Bergwelt fliehen musste, ist er in der freien Natur sehr selten geworden. Bekommt man ihn in einem Naturschutzgebiet hoch droben auf einem Felsen noch zu sehen, gewinnt man den Eindruck, er throne über dem Leben. Viele Stunden lang kann ein altes Tier unbeweglich in die gleiche Richtung starren, und sein graubraunes Fell vermischt sich allmählich mit der steinernen Umgebung. Beim leisesten Geräusch, etwa einem fallenden Stein, entwickelt der Steinbock jedoch eine faszinierende Behendigkeit: Selbst senkrecht aufragende Felsen kann er überwinden, und er riskiert halsbrecherische Sprünge über tiefste Schluchten. Es gibt Tiere von der Größe kleinerer Pferde und mit einem Geweih von über einem Meter Länge. Die Männchen und die Weibchen mit ihren Zicken leben im Sommer in getrennten Herden. Nur während der Brunftzeit vermischen sich die Geschlechter.

Bei den Steinböcken herrschen klare Verhältnisse: Der stärkste Bock steht immer über dem Rest der Herde. Und auch die anderen folgen in ihrer Aufstellung dem erkämpften Rang. Kein Tier kann seinen Stammplatz verlassen, ohne einen erbitterten Kampf zu riskieren.

Steinbockherden halten sich an der Schneegrenze auf. Im Sommer leben sie daher oberhalb der Baumgrenze, folgen im Winter dem Schnee und steigen hinunter bis in versteckte Täler.

Der Steinbock ist der König der Berge. Dieser Ruf wurde ihm nicht nur aufgrund seiner Kraft und Beweglichkeit verliehen, sondern auch, weil er über allen anderen Tieren thront und weil er von üppiger Nahrung nahezu unabhängig ist. Die meiste Zeit lebt er von Flechten und Moos. Nur in der sehr kurzen Sommerzeit der Bergwelt genehmigt er sich frisches Gras. Der Volksmund nennt ihn daher auch den »König der Kargheit« oder »des einfachen Lebens«.

Man schrieb ihm darüber hinaus die Weisheit des Alters zu. In einer Berggeschichte regiert er im Rat der Tiere und ist so alt wie die Berge selbst. Oft betrachtet man ihn als Hüter und Wächter der Bergwelt. Ein Mensch braucht Kraft, Ausdauer, Mut und darf ein karges Leben nicht fürchten, um in den Lebensraum des Steinbocks einzudringen. Dort wird ihm das erhabene Gefühl zuteil, näher am Himmel und über den anderen zu stehen.

Es zieht sie hinauf

Von Steinböcken, den Tieren, weiß man, dass sie ein innerer Antrieb immer nach oben zieht. Diese optimale Distanz zur Welt drunten schenkt ihnen Schutz und Sicherheit. Genau dies ist auch das Geheimnis von Steinbockmenschen: Sie drängen hinauf, weil sie sich oben sicherer fühlen. Es entspricht ihrer Natur. Im Grunde können sie gar nicht anders.

Ein wichtiger Aspekt ist, dass Steinböcke für das harte Leben an der Schneegrenze die besten Voraussetzungen aufweisen. Sie sind besonders widerstandsfähig gegen Kälte und Wind und extreme Futterverwerter, die wie gesagt sogar von Flechten leben können. Mit einem Satz: Sie sind mit äußerst wenig zufrieden. Steinbockmenschen besitzen im übertragenen Sinne die gleichen Fähigkeiten: Sie sind genügsam und widerstandsfähig. Oben zu sein entspricht einem tiefen Bedürfnis nach Eigenständigkeit, nach einem eigenen Platz und nach Selbstbestimmung. Im Grunde zieht es typische Steinbockmenschen hinauf, weil ihnen die »dünnere Luft« in der Höhe, die von den meisten anderen gemieden wird, besser bekommt.

Steinböcke kommen bereits mit der Fähigkeit zur Welt, unter schwierigen Bedingungen zu überleben. Aus meiner psychotherapeutischen Praxis weiß ich, dass viele Steinböcke in Familien hineingeboren werden, in denen das Leben hart und von Knappheit bestimmt ist. Ich denke beispielsweise an Klienten, die das zehnte, elfte oder einmal sogar sechzehnte Kind gewesen waren: Da wird der Lebensraum eng, und man muss vom ersten Atemzug an um Privilegien kämpfen bzw. als Ältere(r) schon früh Verantwortung übernehmen. Auch in extrem kargen Verhältnissen kommen Steinböcke zur Welt, zum Beispiel wenn Vater und Mutter gemeinsam den Lebensunterhalt verdienen müssen und sich daher wenig um ihr Kind kümmern können. Steinböcke wachsen oft bei den Großeltern auf. Sie orientieren sich dann sehr früh am Alter und wirken schließlich selbst häufig frühreif und altklug.

Der kleine Erwachsene

Grundsätzlich tendiert die Herkunftsfamilie eines Steinbocks dazu, vom heranwachsenden Kind zu erwarten, dass es sehr früh selbständig ist. Im Spaß sage ich manchmal, dass Steinbockkinder schon »sauber« auf die Welt kommen. Sicher ist, dass dieser Nachwuchs im Regelfall weniger schreit, gesitteter isst, früher laufen lernt und überhaupt alle Anzeichen eines »kleinen Erwachsenen« aufweist.

Ich denke in diesem Zusammenhang an einen Schweizer Steinbock, der in einer astrologischen Beratung sein Schicksal als kleiner Junge erzählte: Er könne sich noch ganz genau daran erinnern, sagte er, dass er als Dreijähriger morgens bei Sonnenaufgang von seinen Eltern aus dem Haus geschickt wurde, um zum Hof seiner Großeltern zu laufen. Dieser Weg zog sich gut eine Stunde hin und führte an steilen Berghängen vorbei. Täglich zweimal machte der kleine Mann seinen Weg, allein mit sich und den Bergen. Ist das nicht eine wahrhafte Einstimmung auf ein Leben als Steinbock?

Berti Vogts, der ehemalige Trainer der deutschen Fußballnationalmannschaft, ist Steinbock. In einer Talkshow mit Alfred Biolek verriet er einst, wie hart seine Jugend war und wie er nur durch eiserne Disziplin seinen Weg schaffte: »Ich habe mir meinen ersten Fußball als kleiner Junge buchstäblich vom Mund abgespart«, sagte er, »und um Fußball spielen zu können, stand ich manchmal schon um fünf Uhr auf und trainierte, weil ich um sieben Uhr zur Arbeit musste …« Wie sehr für Berti Vogts das Zuverlässige und Bewährte zur Norm geworden ist, zeigte sich sowohl in seiner Strategie, die vor allem auf Sicherheit und Einüben von Standardsituationen aufbaute, als auch in der Mannschaftszusammenstellung selbst. Zur Weltmeisterschaft 1998 in Frankreich fuhr er beispielsweise mit 31 Spielern. Davon waren fünfzehn, also beinah die Hälfte, Erdzeichen, denen man ja besondere Zuverlässigkeit, Ausdauer und Selbstkontrolle nachsagt (sechs Stiere, fünf Jungfrauen und vier Steinböcke). Das entspricht der mehr als fünffachen Anzahl dessen, was man nach dem Zufallsprinzip erwarten würde. Der (passende) Kommentar der *BILD*-Zeitung: »Schluss mit dem Diesel! Jetzt reicht's, Berti! Tank endlich Super!«

Noch viel kennzeichnender als materieller Notstand in der Ursprungsfamilie ist allerdings emotionale Not. Steinböcke kommen in Familien zur Welt, in denen der normale Gefühlsfluss gestört ist. Die Eltern haben sich zum Beispiel nur aus gegenseitigem Pflichtgefühl heraus geheiratet und auch noch aus ebendiesem Grund ein Kind bekommen. Da fehlt dann die emotionale Wärme, die durch Verantwortungsbewusstsein zu ersetzen versucht wird. Entsprechend lernt das Kind von Anfang an, auch die eigenen Gefühle einem höheren Prinzip, einer Moral, einer Ethik, einem Gesetz zu unterstellen – so wie es die Eltern bei seiner Geburt getan haben.

Es kommen ebenso häufig Steinbockkinder in Familien zur Welt, bei denen die Eltern eigentlich eine Abtreibung vornehmen lassen wollten, dann aber aufgrund moralischer bzw. gesellschaftlicher Normvorstellungen von diesem Vorhaben abgerückt sind. Auch hier war nicht Liebe letztlich Anlass für die Existenz des Sprösslings, sondern eine sittliche Forderung. Das Kind entwickelt dann häufig eine entsprechende Einstellung zum Leben und disqualifiziert Gefühle und Liebe ebenfalls als untergeordnete Prinzipien.

Dies bedeutet freilich nicht, dass ein Steinbock keine Gefühle hätte. Aber er ordnet sie anderen Prinzipien unter, kann sie aufschieben, wenn der Zeitpunkt, sie zu leben, gerade ungünstig ist, und sie auch völlig verdrängen, sofern es opportun scheint.

Eingefrorene Gefühle

Die Fähigkeit, Gefühle einer Kontrolle und Verarbeitung unterzuordnen, besitzt grundsätzlich jeder Mensch, gleich, unter welchem Tierkreiszeichen er auf die Welt gekommen ist. Die Psychologie nennt diesen Prozess »Sublimierung« und hält ihn für unerlässlich bei der Reifung und Entwicklung zum verantwortlichen Erwachsenen. Steinböcke sind darin allerdings eindeutig die Meister. Und das ist einer der Gründe, warum sie erfolgreich sind und Karriere machen: Sie können sich besser kontrollieren und lassen sich nicht so leicht ablenken.

Oft ist der familiäre Hintergrund eines Steinbocks aber auch von großem Ehrgeiz geprägt, zum Beispiel dann, wenn bereits die Eltern einen hohen gesellschaftlichen Status einnehmen und dies wie selbstverständlich auch für ihr (Steinbock-)Kind im Auge haben. Dann fehlt es oft an Wärme (die Eltern haben keine Zeit). Das Kind wird früh in entsprechende Internatsschulen gesteckt, um ihm den richtigen Schliff fürs Leben angedeihen zu lassen.

Es gibt allerdings noch ein Thema bezüglich seiner Herkunft, das sich in Extremfällen hinter der Geburt besonders eines Steinbockkindes verbergen kann: In Familien, in denen das männliche Prinzip unzuverlässig ist, erhält das heranwachsende Kind den Schutz dieses Tierkreiszeichens. Ich habe immer wieder erfahren, dass Steinbockkinder in solchen Umfeldern zur Welt kommen, in denen chaotische bzw. inzestuöse Verhältnisse herrschten. Ich denke beispielsweise an eine Steinbockfrau, deren Mutter zugleich ihre Schwester war, ihr eigener Vater hatte also ihre größere Schwester geschwängert. Ich denke auch an einen italienischen Steinbock, dessen Großvater sowohl mit seiner Frau als auch mit deren Schwester jeweils fünf Kinder zeugte. Da die beiden Schwestern teilweise zur selben Zeit Kinder bekamen, lässt sich für einige dieser Kinder, unter anderem auch für den Vater meines Klienten, nicht einmal einwandfrei sagen, wer genau die Mutter ist. Und ich habe die Situation eines Mannes vor Augen, der als Kind erlebte, wie seine Mutter und seine zwölfjährige Schwester von einem ganzen Trupp von Soldaten vergewaltigt wurden.

Alle diese Menschen brauchten als Kind das Prinzip des Steinbocks als Schutz gegen eine chaotische, unberechenbare und unzuverlässige Welt. Mit Hilfe des Steinbockprinzips waren sie in der Lage, ihre Gefühle »einzufrieren« und sie so daran zu hindern, das Bewusstsein mit Schmerzen, Wut, Trauer oder Unklarheit über die eigene Herkunft zu überschwemmen. Ähnlich wie in der Münchhausen-Geschichte, wo bei eisiger Kälte die Töne in einem Posthorn einfrieren, im Warmen auftauen und dann erklingen, als würde soeben jemand auf dem Instrument spielen, so ist glücklicherweise manchmal eine Therapie in der Lage, die zurückgehaltenen Gefühle zu befreien, die sich dann wie in einem See von Tränen ergießen.

Selbstverständlich sind derart Chaotisches und Schreckliches absolute Ausnahmen. Dennoch meine ich, dass wohl jeder Steinbock mit einer mehr oder weniger großen Portion »eingefrorener Gefühle« durch die Weltgeschichte läuft. Es erleichtert ihn in der Regel ungemein, wenn er etwa durch eine Therapie einen Weg findet, sich davon zu befreien.

Der griechische Mythos, der sich um Saturn(us) und die Geburt seines Sohnes Zeus/Jupiter rankt, spiegelt versteckt, aber, wie ich meine, sehr treffend dieses Thema wider: Saturn gilt in der Astrologie als Herrscher des Steinbockzeichens, er repräsentiert damit dieses Prinzip und trägt es als Planet durch den Tierkreis. Der Mythos besagt, dass Saturnus oder – wie ihn die Griechen nannten – Kronos alle seine Nachkommen (außer Jupiter/Zeus) auffraß, weil er befürchtete, dass eines seiner Kinder ihn dereinst vom Throne stieße. Ich erachte das Opfern (»Auffressen«) der eigenen Kinder als einen symbolischen Akt dafür, seine tiefsten und innersten Gefühle zu opfern.

Steinböcke sind in ganz besonderer Weise dazu angehalten, ein Leben zu führen, in dem Gefühle aufgearbeitet, man kann auch sagen: »aufgefressen«, und sublimiert werden. Denn aus der Sicht des astrologischen Tierkreises (Zodiaks) überragt das zehnte Zeichen Steinbock zusammen mit dem Schützen alle anderen – sogar die Liebe. Die Ordnung geht vor, sagt der Steinbock, und er »frisst« seine Gefühle.

Im Falle des »Steinbockvertreters« Saturn(us)/Kronos allerdings findet durch die Geburt seines Sohnes Zeus/Jupiter eine unerwartete Wende statt: Seine Schwester und Gemahlin Rheia war dem Mythos zufolge offensichtlich dermaßen erzürnt über den Egoismus ihres Mannes/Bruders, dass sie sein Kind vor ihm versteckte

29

und ihrem brüderlichen Gatten dafür einen in Windeln gewickel-
ten Stein überreichte, den dieser anstelle des vermeintlichen späteren Göttervaters sofort verschlang. Zieht man eine schlüssige
Lehre aus dieser Symbolik, könnte man somit auch sagen, dass
man als Kind Saturn nur überlebt, wenn man sich in einen Stein
verwandelt. Der Mythos mag aber auch als Parabel dafür gesehen
werden, dass es einen Jupiter (einen Heiler) braucht, um die ver-
drängten Kinder (aufgefressenen Gefühle) zu befreien.

Das Steinbockzeichen symbolisiert in der Astrologie den Staat.
Dieses Gebilde ist mit der Macht ausgestattet, über die Menschen
(das Volk) zu herrschen. Im Tierkreis überragt der Steinbock
wie bereits erwähnt alle anderen Zeichen. Nur der Schütze
nimmt die gleiche Höhe wie er ein, was durchaus als ein astrologischer »Beleg« für die Gewaltenteilung zwischen Staat (Steinbock) einerseits und Kirche (Schütze) andererseits gesehen werden kann.

Viel Tadel, wenig Lob

Was Steinböcke in der Regel zu wenig erfahren, sowohl als Kinder
wie auch später als Erwachsene, ist Liebe, Zuwendung und Anerkennung. Insbesondere der Vater eines typischen Steinbockgeborenen vertritt anscheinend das Prinzip, dass Liebe und Lob »den
Charakter verderben«, das heißt nachgiebig, willenlos und
schwach machen. Er mag dafür die verschiedensten »Gründe«
haben, zum Beispiel wird er meinen, eine gewisse Härte sei für
den späteren Überlebenskampf einfach notwendig. Oder der Vater
versucht über diesen Weg, den Gefühlen – seinen eigenen und
denen des Kindes – aus dem Weg zu gehen.

Später dann haben auch typische Steinböcke dieses Prinzip verinnerlicht und sind sehr sparsam mit Liebe und Lob, großzügig hingegen mit Tadel und Kritik. Wer zum Beispiel einen Steinbock als
Chef hat, muss damit rechnen, dass über dessen Lippen, selbst
wenn alles bestens erledigt ist, allenfalls ein »Mh, ganz gut …!«
kommt. Hingegen kann man sicher sein, dass jeder Fehler gnadenlos aufgedeckt wird. Ein Steinbockchef verkörpert also eine

harte Schule. Das Gute daran ist aber, dass man *wirklich* etwas lernen kann; man wächst über sich selbst hinaus!

Ich erinnere mich beispielsweise an eine Familiensitzung. Es ging dabei um die Beziehung zwischen Sohn und Vater. Der Vater war Steinbock, der Sohn Krebs. Im Laufe der Sitzung spitzte sich der Konflikt zwischen beiden zu. Der Sohn warf seinem Vater vor, er habe ihn nie geliebt oder ihm gezeigt, dass er glücklich über ihn und stolz auf ihn sei (der Sohn war in der Zwischenzeit Universitätsprofessor geworden …). Dann begann der Sohn mit seinen 34 Jahren zu weinen. Der Vater war sichtlich gerührt, konnte sich aber lange nicht artikulieren. Schließlich stammelte er, selbst den Tränen nahe: »Natürlich habe ich dich immer geliebt, natürlich bin ich unendlich stolz auf dich, aber ich konnte dies alles nicht sagen, es ist einfach nicht meine Art …!«

Ja, es ist nicht ihre Art, daran muss man sich bei Steinböcken gewöhnen. Liebe und Anerkennung werden selten deutlich ausgesprochen. Dafür kann man sich darauf verlassen, dass es, wenn es denn doch einmal geschieht, um ein Vielfaches mehr zählt als bei jedem anderen.

Natürlich erfüllt sich das Schicksal eines Steinbocks nicht darin, egoistisch und kalt zu werden, seine eigenen Gefühle »aufzufressen«, um sie somit nicht mehr zu spüren. Das sind nur Bilder, die allerdings sehr häufig missverstanden werden und zu einer extrem negativen Wertung des Zeichens Steinbock führen.

Die Erhabenen

Wenn man ein Steinbock ist, kennt man die dummen und ärgerlichen Zuweisungen, die man einem schon auf Zuckerstückchenpapier oder sonstigen »astrologischen« Ergüssen präsentiert: »… egoistisch, kalt, ehrgeizig, kritisch, misstrauisch.« Natürlich ist das nicht die Wirklichkeit von Steinböcken. Hinter der Tatsache, dass sie bereits von Kind auf gelernt haben, ihre Gefühle zu kontrollieren, steckt letzten Endes ein kolossal erhabenes Ziel, nämlich zu überleben – und das allerdings gerade nicht als egoistisches Wesen, welches nur seiner persönlichen Selbstverwirk-

lichung nachhängt. Aus der Perspektive des allen anderen übergeordneten Zeichens Steinbock gilt das Subjektive, Singuläre
wenig, so wie auch beim Blick vom Berg aus das Einzelne unbedeutend wird. Aus seiner Sicht ist gerade derjenige egoistisch, der
seinen Gefühlen, Trieben und Wünschen folgt und sich nicht am
Wohlergehen aller orientiert. Der Steinbock leistet einen persönlichen Verzicht für einen größeren, umfassenderen Gewinn. Er
hat immer das Zusammenleben aller im Blick, die Gemeinschaft,
die Gesellschaft, die Menschheit – das Leben »als Ganzes«.
Falls man ein typischer Steinbock ist, hat man bestimmt den Satz
»Wenn das alle machen würden …!« verinnerlicht. Genau das ist
der Kern der Steinbockphilosophie, die man von Kind auf lernen
muss, nämlich all sein Tun auf Allgemeinverbindlichkeit hin aus-
zurichten. Das zu realisieren ist Aufgabe des Steinbocks in dieser
Welt. Andere Tierkreiszeichen wie zum Beispiel Widder, Stiere,
Zwillinge oder Krebse denken – simplifiziert bzw. idealtypisch
gesprochen – nur an sich und bestenfalls an die Menschen, die
ihnen lieb und wert sind. Als Steinbock hat man jedoch stets das
Gesamte vor Augen. Er steht sozusagen immer in der Öffentlichkeit, selbst wenn tatsächlich weit und breit keine Menschenseele
zu sehen ist.
Das eigentliche Ziel der Steinböcke liegt aber noch höher. Sie
sind dem Thema der Vergänglichkeit sehr nahe. Als Winterzeichen ist ihnen sozusagen nicht die Fülle und Lebendigkeit des
Sommers, sondern die Kargheit des Winters und die Nähe zum
Tod in die Wiege gelegt – und damit die Gewissheit, wie unbedeutend der Einzelne ist. Das Leben, die Gefühle – all dies ist
flüchtig, nur ein Atemzug der Zeit …! Ihr innerster und tiefster
Wunsch ist es, über die Vergänglichkeit hinauszuwachsen. Darin
liegt der tiefste Grund, warum sie »ihre Gefühle fressen«. Sie
erhoffen sich davon Dauer, Bleibendes, letztlich Unsterblichkeit.
Auch der Skorpion beschäftigt sich mit dem Thema »Unvergäng-
lichkeit«. Seine Antwort auf das individuelle Sterben ist, neues
Leben zu kreieren. Der Steinbock wählt einen anderen Weg, er

reduziert sich selbst zum Moment im Ganzen, er gerinnt zur Form und Struktur, wird zum Atom der Ewigkeit.

Ein passendes Bild ist Wasser, das sich zum Eiskristall verwandelt. Noch sinnbildlicher ist die Parallele der Entstehung von Edelsteinen: Über ewige Zeiten hinweg wächst ein Kristall, ein natürliches Wunderwerk geheimnisvoller Architektur. Auch der Diamant gilt daher von alters her als Symbol steinböckischer Suche – als Stein der Wahrheit und Erleuchtung. »Vergeistigung, Reifung, Erhabenheit, Wahrheit, Erleuchtung«, das sind daher die richtigen Stichworte, die dem Wesen eines typischen entwickelten Steinbockgeborenen entsprechen – und nicht die lächerlichen Phrasen auf einem Würfelzuckerpapier.

Im Babylonischen entsprach dem Steinbock der »Ziegenfisch«. Man sieht das Symbol zuweilen noch auf alten Abbildungen: ein Fabelwesen mit dem Kopf einer Ziege und dem Schwanz eines Fisches. Diese Metapher – der Fischschwanz steht für Wasser und damit Gefühle, der Ziegenkopf für Festigkeit und Dauer – spiegelt treffend das Streben des Steinbockmenschen wider.

Es gibt Steinbockgeborene, die ihr Naturell ohne Wenn und Aber vertreten. Sie sehen ein Auto, das auf dem Bürgersteig parkt, und sprechen den Fahrer sofort und unverblümt deswegen an. Manche Steinböcke ergreifen sogar einen Beruf, mit dem sie Ordnung und Gesetz Genüge tun können: Polizist, Staatsanwalt, Politiker zum Beispiel. Derartige Menschen kommen allerdings selten in die Praxis eines psychologischen Astrologen, denn aus ihrer Sicht käme dies dem Eingeständnis gleich, dass sie mit ihrem Latein am Ende wären – eine für »richtige« Steinböcke nahezu unmögliche Vorstellung. Ich kenne daher wenige derartige Vertreter dieses Tierkreiszeichens: einen Schiedsrichter, zwei Politiker, zwei Hundezüchter, einen Pferdedresseur, drei Literaturrezensenten.

Ich habe allerdings schon viele Sitzungen mit Steinböcken erlebt, die ihr regelndes und kontrollierendes Prinzip etwas sublimer, manchmal beinah unmerklich ausleben. Wie zum Beispiel – hier verkürzt wiedergegeben – in einer Paarsitzung: Ein Steinbockmann und seine Partnerin wohnen seit zehn Jahren zusammen. Sie ist eine Löwin, ein Mensch also, der von Moment zu Moment lebt und von daher für Ordnung und Kontrolle nun rein gar nichts übrighat. Der Steinbock liebt seine Frau über alle Maßen, weshalb er ihr keine Vorwürfe machen möchte, wenn sie seiner Meinung nach unordentlich ist. Beispielsweise verlegt sie grundsätzlich ihren Wohnungsschlüssel. Ihr Steinbockfreund zimmerte ihr daher einen kleinen Holzkasten mit Schlüsselhaken, den er neben der Tür postierte, so dass sie den Schlüssel beim Hereinkommen sofort dort ablegen konnte. Aber sie übersah diesen Kasten bald. Daraufhin brachte er – immer noch überzeugt, dass er seiner Partnerin doch nur Gutes tun würde – ein großes Schild an der Tür an mit der Aufschrift: »Bitte häng mich hierher, Dein Schlüssel!« Da wurde sie allerdings wild und warf ihm vor, dass er sie zu kontrollieren versuche. Ihr anwachsendes Unbehagen über den »Hauspolizisten«, wie sie ihn nannte, führte schließlich zu besagter Paarsitzung.

Andere Steinböcke hängen Zettel an die Lichtschalter mit der Aufschrift: »Bitte lösch mich!« Oder sie kleben »Merkerchen« an die Windschutzscheibe ihres Autos (für ihre Frau gedacht): »Bitte lass das Licht im Auto nicht brennen!« Ich kenne einen anderen Steinbock, der etwas Ähnliches anstellte, indem er seiner Gattin, die den Führerschein neu erworben hatte, ein Merkblatt zusammenstellte, worauf er genau aufführte, was sie alles zu berücksichtigen habe, um ohne Schaden Auto zu fahren: Auch das ist eine Form von Kontrolle. Ich weiß von einem weiteren Steinbock, der seine Salz- und Zuckerdose mit den Initialen S und Z versah, nachdem er zweimal Salz in den Kaffee gestreut hatte.

Keine Frage, durch ihre Umsicht erleichtern Steinböcke das Zusammenleben ungemein. Verkehrsregeln und -zeichen beispielsweise ermöglichen erst, dass sich zur gleichen Zeit dermaßen viele Menschen im öffentlichen Straßenverkehr bewegen können. Es wäre undenkbar, wenn an jeder Kreuzung immer wieder neu entschieden werden müsste, wer denn nun diesmal Vorfahrt hat. Aber der Steinbock muss ebenso lernen, dass man auch alles übertreiben kann. Eine gewisse Reibung im Zusammenleben ist durchaus wünschenswert und positiv. Der Zufall gehört einfach genauso dazu wie die Planung. Und wo es um Gefühle geht, sind »Verkehrsschilder« und Ähnliches ohnehin völlig fehl am Platz.

Liebe, Sex und Partnerschaft

Entsprechend seiner Philosophie, dass das Leben ein Aufstieg, eine Wertesteigerung im Sinne persönlicher Vervollkommnung darstellt, lässt sich ein Steinbock bewusst oder unbewusst bei seiner Partnerwahl davon leiten, sein Leben durch einen geeigneten Co. zu bereichern und zu verbessern. Er kann gar nicht anders, es ist in ihn gelegt, und jeder Versuch, aus dieser Regel auszubrechen, ist von vornherein zum Scheitern verurteilt. Mit anderen Worten: Wer bei einem Steinbock landen will, muss irgendetwas haben, was ein bisschen besser oder mehr ist – ein wenig mehr Geld, etwas mehr Grundbesitz, einen höheren akademischen Grad, aus einer angesehenen Familie stammen, ein bekannterer Künstler sein oder anderweitig zeigen, dass er bzw. sie eines Steinbocks würdig ist.

Natürlich spricht es heute kaum jemand mehr aus, aber wenn man therapeutisch arbeitet und tiefere Schichten berührt, taucht irgendwann der Sachverhalt auf, dass der Steinbock durch eine Ehe eine Art Veredelung anstrebt. Diese Einstellung ist dem Steinbock nicht nur unbewusst, sondern kommt ihm – spricht man ihn darauf an – völlig absurd vor. Ich denke beispielsweise an eine Steinbockfrau, die mit verschiedenen Männern ein Kind zu bekommen versuchte. Sie war einmal verheiratet und zweimal fest liiert, alle Versuche misslangen. Sie suchte einen Arzt auf, und dieser fand keinen rechten Grund für das Problem und riet ihr zu einer künstlichen Befruchtung, was sie aber ablehnte. Diese Frau war eine Feministin und links orientiert. Die Vorstellung, bei der Wahl ihrer Partner könne auch der Status eine Rolle spielen, hätte sie schnurstracks auf die Barrikaden getrieben. Dann lernte sie einen Mann kennen, den einzigen Sohn und damit auch Alleinerben einer Unternehmerfamilie. Sie verliebte sich in ihn und er sich in sie: Ein Jahr später kam ein Sohn zur Welt und nach einem weiteren Jahr eine Tochter.

Natürlich kann sich ein Steinbock grundsätzlich in jeden Menschen verlieben, egal, ob arm oder reich, aber damit eine Partnerschaft Bestand hat und vor allem, wenn ein Kind geplant wird, müssen »die Verhältnisse stimmen«.

Ausnahmen bestätigen die Regel. Diese sehen dann so aus, dass ein Steinbock einen Partner wählt, der »statusmäßig« unter ihm steht, dann aber alles unternimmt, damit er den Weg in die Vervollkommnung einschlägt. Ich kenne mehrere solcher Steinbockbeziehungen. Die sicher extremste ist die zwischen einer Steinbockfrau, die in einer wirklichen Topposition steckt (Chefin eines Unternehmens), und einem Partner, der sein Studium abgebrochen hat und drogenabhängig wurde. Über Jahre hinweg hat die Frau alles versucht, diesen Mann erstens von Drogen freizubekommen und zweitens zum Erfolg zu führen.

So wie das Leben für einen Steinbock ein Lehrstück ist, so soll es auch die Liebe sein. Daher schleppen Steinböcke ihre Partner überall dorthin, wo der Geist wachsen kann: in fremde Länder, zu kulturellen Ereignissen, in Weiterbildungsveranstaltungen oder in spirituelle Zirkel.

Für häusliches Glück bleibt aber trotzdem Zeit. Gemütliche Stunden am Kamin, ein netter Plausch in der Gartenlaube, ausgedehnte Frühstücksfeiern im Bett – so etwas steht sicher nicht täglich im Standardprogramm eines Steinbocks, aber, und darauf kann man sich verlassen, es wird auch nie rest- oder ersatzlos gestrichen.

Der Astro-Flirt

Flirten mit einem Steinbock bedeutet ein gutes Stück Arbeit, eine Gratwanderung: »Fröhlich« und »ausgelassen« ist für ihn gleichbedeutend mit »leichtlebig« und »-sinnig«; charmante Komplimente hält er schnell für zu dick aufgetragene Schmeicheleien; Gefühlsregungen und schon die harmlosesten Zuneigungsbekundungen in der Öffentlichkeit mag er überhaupt nicht; bleibt beim

Abschiedsküsschen Lippenstift auf seiner Wange, ist es ihm peinlich; und Liebesschwüre vielleicht schon am ersten Abend sind für ihn Heuchelei und keinen zweiten wert.

Adam und Eva Steinbock brauchen Zeit, viel Zeit und das Gefühl, dass man es ehrlich mit ihnen meint. Flirten nur so zum Spaß oder um die schnelle Eroberung zu machen – nein, danke. Der Steinbock will einen ebenbürtigen Partner, mit dem er sich am liebsten über den Job und die Karriere unterhält, wobei er aber geistreichen Humor und menschliche Wärme zeigt.

Sind Steinböcke gut im Bett?

Über des Steinbocks Talente im Bett sind bestimmt keine Stadtgespräche im Umlauf wie beispielsweise bei Zwillingen oder einem Skorpion. Es wird auch über ihn nicht hinter vorgehaltener Hand auf irgendwelchen Partys getuschelt, wie man es vielleicht über einen Widder oder einen Löwen machen würde. Denn der Steinbock ist zwar ein öffentlicher Mensch; das heißt, er verhält sich grundsätzlich tadellos, so dass alle Welt ruhig wissen kann, was er tut. Aber was er in seinem Schlafzimmer macht, geht niemanden etwas an, das ist Privatsache, sozusagen vom Grundgesetz her garantiert. Und er wird sich auch keine Frau bzw. keinen Mann ins Schlafzimmer holen, der oder die hinterher überall hinausposaunt, wie die Nacht mit dem Steinbock war. Steinböcke zählen einfach nicht zu den Sexprotzen. Menschen, die auch nur im Verdacht stehen, dieser Kategorie anzugehören, lässt er links liegen.

Dass man wenig über seine Bettallüren berichtet, heißt aber noch lange nicht, es gäbe nichts zu erzählen bzw. man könnte Negativbeispiele en masse zitieren: etwa dass er kalt sei wie Eis und plump wie ein Holzklotz. Mitnichten!

Okay, er ist kein heißer Ofen, wenigstens nicht ohne entsprechende Inszenierung. Gemeint ist, dass der Steinbock nicht aus sich heraus Sex ausstrahlt wie eine Tausend-Watt-Birne. Er wird primär schüchtern sein, etwas unbeholfen, gehemmt. Aber wenn er sich sicher fühlt, nackt im Bett liegt, das Licht gedimmt ist (ja, ja, vielleicht braucht es auch ein paar Gläser glutroten Burgunders), legt er los und ist – wie sonst auch im Leben – nicht mehr zu bremsen, stürmt zum Gipfel, ist stark, ausdauernd, wirft sich völlig hinein und hat nach einem Höhepunkt noch lange nicht genug.

Er braucht allerdings, das sollten sich alle Steinbockliebhaber und »-innen« merken, etwas Starthilfe. Außer Wein können das entsprechende Literatur, ein Film oder – das mag er besonders – erotische Phantasien sein, die man sich vor und während des Liebesaktes erzählt.

Noch etwas: Viele Vertreter anderer Tierkreiszeichen sind von sich und ihrer Liebeskunst dermaßen überzeugt, dass es ihnen im Traum nicht einfiele, Liebe zu lernen. Ganz anders der Steinbock. Er weiß, dass der Weg zur Meisterschaft immer nur durch eine gute Schule führt. Er studiert daher entsprechende Literatur (über Tantra und das *Kamasutra* zum Beispiel), besucht unter Umständen sogar ein einschlägiges Wochenendseminar und lässt sich auch gern von seinem/seiner Partner/in in die Ars Amandi einführen, in die Liebeskunst.

Alles in allem: Er ist kein Vulkan, keine Explosion, eher ein Schiffsmotor, der sich aber durch geeignete Techniken und Tricks ganz schön »hochtunen« lässt.

Sind Steinböcke gute Partner?

Der Steinbock steht felsenfest zu seiner Partnerschaft, schützt sie, ehrt sie, geht für sie durch dick und dünn und bietet seinem Partner einen unerschütterlichen Halt.

Allerdings stellen sich Glück und Zufriedenheit in der Beziehung mit einem Steinbock erst allmählich ein, nämlich wenn man langsam merkt, was für einen Fels in der Brandung des Lebens man an seiner Seite hat: Ist er ein Mann, besteht keine Gefahr, ihn je beim Besuch einer Freundin zu verlieren. Und mit einer Steinbockfrau spürt man mit der Zeit, dass man Boden unter die Füße bekommt. Beide, Steinbockmann und -frau, sind nicht die »allerwärmsten« und gemütlichsten, aber die sichersten, zuverlässigsten Menschen, die es überhaupt gibt.

Selbst wenn es einmal vorkommt, dass eine Beziehung zerbricht, ist die Freundschaft deswegen noch lange nicht zerstört. In dieser Welt sind sehr viele Steinböcke, die irgendwann mit einem anderen Menschen eine Liebesbeziehung hatten, welche sich nach der Trennung in eine wunderschöne Freundschaft verwandelte.

So hält man Steinböcke bei guter Laune

Ein Steinbock freut sich wie ein Schneekönig, wenn er bemerkt, dass man an ihn denkt, ihm zum Beispiel ein Geschenk macht und damit nicht bis Weihnachten oder bis zu seinem Geburtstag wartet, Tage, die ohnehin ganz nahe beieinanderliegen. Aber auch ein überraschender Anruf, der keinen anderen Grund hat als den, seine Zuneigung zu bekunden, bringt ihn – für seine Verhältnisse – schier aus dem Häuschen. Natürlich zeigt er seine Freude nicht ungeschminkt. Aber wer ihn kennt, liest sie an seinen strahlenden Augen ab.

Von einer Frau, auf die er sich einlässt, erwartet der Steinbockmann, dass sie gut und einfach kocht; und wenn dann das Eisbein auch noch als Sonderangebot zu kaufen war, ist er beglückt. Die Steinbockfrau wiederum ist zufrieden, wenn ihr (zukünftiger) Mann Erfolge und gute Kontakte mit nach Hause bringt und sie dann und wann in ein Sternelokal entführt. Grundsätzlich schwärmen beide, Steinbockmann und -frau, zwar in den höchsten Tönen für ganz einfache Kost, aber hin und wieder ist auch beim Essen ein Gipfelerlebnis fällig.

Sparsamkeit lieben sie, die Steinböcke, sehr sogar, aber die Qualität darf darunter auf gar keinen Fall leiden. Zumeist sind sie absolute Feinschmecker und wissen ganz genau, wo das beste Fleisch, das frischeste Gemüse und der edelste Wein zu bekommen sind.

Luxus, ist das überhaupt ein Thema für einen waschechten Steinbock? Schon! Man gönnt ihn sich … und spricht nicht drüber. Wer hart und erfolgreich arbeitet, kann sie sich schließlich guten Gewissens gönnen, die Edelstücke aus begnadeter Designerhand. Was das Outfit betrifft, macht man den Steinböcken mit Puristen die größte Freude. Strenge Noblesse bei Material, Schnitt und Farbe stehen ganz oben auf ihrer Favoritenliste. Und bloß keinen schrägen Firlefanz oder irgendwelche Knalleffekte!

Beliebt bei Steinböcken sind auch stets praktische und einfache Dinge, vom Batterie-Gasanzünder über ein stabiles Austernmesser bis zur elektrischen Parmesanreibe. Zudem stehen sie auf Kunst, die man in die Wohnung hängen kann, und bequeme Möbel, die aber nicht protzig sein dürfen.

Der Steinbock liebt seine (Herkunfts-)Familie. Selbst wenn er mehr gelitten als gelacht hat, er hängt an ihr. Von seinem (potenziellen) Partner erwartet er das Gleiche. Negative Bemerkungen über seinen Vater, seine Mutter oder seine Geschwister sollte man also tunlichst vermeiden, wenn man einen Steinbock verführen will!

Zum Schluss in diesem Zusammenhang noch ein paar Worte zu seinem Humor. Er lacht gern, der ernste Geselle, erzählt liebend gern Anekdoten und schätzt Menschen, die gute Witze erzählen können. Aber eines mag er selten bis gar nicht: dass man über ihn lacht, egal, aus welchem Grund.

Über die Treue des Steinbocks

Keine Frage, der Steinbock gehört zu den Treuesten des Tierkreises überhaupt. So wie er sich auch sonst an Absprachen und Verpflichtungen hält, zählt er zu den Menschen, die das Ja bei der Hochzeit hundertprozentig ernst nehmen. Selbst wenn Steinböcke nicht heiraten (worauf sie sich allenfalls einlassen, um ihrem Partner einen Gefallen zu tun), ist ihnen Treue eine Selbstverständlichkeit und heilig.

Es gibt diesbezüglich allerdings einen Unterschied zwischen Männern und Frauen, nämlich derart, dass Steinbockfrauen unter Umständen nicht ganz so felsenfest zu ihrem Treuegelöbnis stehen, es dafür aber hundertprozentig von ihrem Mann erwarten. Dies beruht darauf, dass Frauen in viel stärkerem Maße als Männer vom Mond bestimmt werden. Steht dieser in einem Zeichen, das nicht so sehr zur Treue neigt, etwa Schütze oder Wassermann,

Zwillinge oder Fische, kann das die sonst eiserne Standhaftigkeit untergraben. Aber im Großen und Ganzen und verglichen mit allen anderen Tierkreiszeichen, sind Steinböcke beiderlei Geschlechts so etwas wie ein feste Burg und stehen wie eine Eins zu ihrer Partnerschaft.

Das Eifersuchtsbarometer

Eifersucht ist für einen Steinbock eigentlich kein großes Thema. Zunächst einmal lässt er sich auf so unsichere, flatterhafte Kandidaten, die das Herumtändeln mit anderen nicht lassen können, gar nicht erst ein. Gibt der oder die Liebste doch Anlass zur Eifersucht, reagiert der Steinbock entsprechend der Schwere des Deliktes, doch keinesfalls in der Öffentlichkeit – mit distanzierter Kühle, Liebesentzug, eisiger Verachtung, mit Rückzug in seine »einsame Bergwelt« oder, wenn seine Seele schwer verletzt ist, sogar mit dem Auszug aus der gemeinsamen Wohnung.

Macht ihnen der Partner eine Eifersuchtsszene, so nehmen Steinböcke dies übel. Sie sehen darin keinen Liebesbeweis, sondern eine Anmaßung von vermeintlichen Besitzrechten, die ihrem ausgeprägten Sinn für ihr Eigenleben krass zuwiderlaufen.

Wie gut Steinböcke allein sein können

Zu einem großen, vielleicht sogar zum überwiegenden Teil ist der Steinbock ein Einsiedler, ein einsamer Wolf, ein Tramp, der seinen Weg allein machen will. Am liebsten geht er daher mit dem Menschen aus, der ihm am nächsten ist und der ihn als Einziger wirklich versteht. Er selbst!

Derartige Phasen braucht er, egal, ob Frau oder Mann. Dann wieder zieht es ihn unter Leute, das wärmt sein Herz, das holt ihn zurück aus seiner unpersönlichen Welt. Zu viel Geselligkeit ist ihm zuwider, aber zu viel Einsamkeit macht ihn traurig. Als Grenzgänger ist er am glücklichsten. Er braucht einen Platz, wo er hingehört, aber mit wenig Verpflichtungen und »Anhänglichkeiten«. Er kann also gut allein leben, der Steinbock. Nur ... immer soll es halt auch nicht sein!

Weibliche Steinböcke auf dem Prüfstand

Die Behauptung, das Gefühlsleben einer Steinbockfrau gleiche einem Eisberg, stammt in den meisten Fällen von Männern, und zwar vornehmlich von solchen, deren Versuche, bei ihr zu landen, im Leeren endeten. Übliches Imponiergehabe geben diese Frauen nämlich allemal der Lächerlichkeit preis. In ihrem Innersten wirkt die Archaik eines den Männern überlegenen Wesens, und ihre Leitbilder sind allesamt Frauen, die entweder selbst Geschichte geschrieben oder ihren Männern bei der Karriere genau auf die Finger geschaut haben.

Wer diese Größe nicht erkennt und respektiert, erfährt ihre Kälte und Ablehnung. Wer aber vor ihren Augen besteht, darf eintreten in ihren Traum aus Tausendundeiner Nacht. Denn hinter ihrem bedachten Äußeren verbirgt sich ein Serail grenzenloser Liebe und Lust; ihr kühles Flair erweist sich als absoluter Kontrapunkt ihrer leidenschaftlichen inneren Glut. Diese Frau hat es einfach in sich. Wer eher auf Schein als auf Sein steht, ist bei ihr falsch.

Große, verträumte Augen bekommt sie beim Thema Treue. Wäre »er« doch nur ein Super-»Daddy«, der durch dick und dünn mit ihr ginge und bedenkenlos zu ihr stünde! Er müsste ihr alles verzeihen, gelegentlich sogar die sinnlichen Eskapaden mit einem anderen Mann. Denn im Unterschied zum Steinbockmann, dem treuesten Partner des gesamten Tierkreises, wird sie wie angedeutet vor allem in Liebesdingen auch stark vom Mond und ihrer Venus bestimmt. Die können ja durchaus in einem »freizügigeren« Zeichen, beispielsweise Schütze oder Wassermann, stehen und animieren so zu einer etwas lockereren Auffassung von Treue. Gelegentlich folgt sie – auch das wurde bereits angesprochen – einer doppelten Moral: Dann nimmt sie sich selbst Seitensprünge heraus, erwartet aber von ihrem Partner, dass er treu und unerschütterlich wie ein Fels in der Brandung zu ihr steht und auf sie wartet, bis sie genug hat von der anderen Liebschaft.

Sie ist nicht dafür geboren, im Schatten eines Mannes zu stehen. Eher verhält es sich umgekehrt. Aber einen Schwächling, der sich endlos bevormunden lässt, verachtet sie ebenfalls und beginnt sogar, ihn zu schikanieren, nur damit er sich auf seine Hinterbeine stellt. Bleibt er ohne Rückgrat, lässt sie ihn im Stich. Und Trennungen vollzieht sie wie alles andere: schnell und konsequent. Wen es trifft, der empfindet sie als hart und gnadenlos. Sie aber ist sich sicher, dass ein klarer Abschied letztlich leichter fällt.

Männliche Steinböcke auf dem Prüfstand

Einen Steinbockmann muss man sich beizeiten etwas erziehen. Nicht, was die großen und wichtigen Dinge einer Liebe oder Ehe betrifft, da ist er ganz große Klasse. Er hat alles, wovon ein Mädchen träumt: Zuallererst ist er comme il faut, also wie sich's gehört. Er wird nie etwas tun oder verlangen, was seiner Partnerin die Schamröte ins Gesicht steigen lässt. Diese wird aber auch nie dergestalt überrascht, dass sie vielleicht einen Liebesbrief einer anderen Frau in der Aktentasche des Steinbocks entdeckt. Ist das nicht unglaublich beruhigend?

Er ist ein Gentleman, der seine Frau immer spüren lässt, dass sie etwas Besonderes ist, sein Herzblatt, sein Trost, seine Sonne, sein Abendstern. Die Dame seines Herzens kann Falten und graue Haare haben, er wird in ihr immer das Mädchen sehen, das er vom ersten Augenblick an geliebt hat. Wenn seine Frau auch nur vor irgendetwas Angst hat, egal, ob vor Haifischen im Urlaub oder vor Einbrechern zu Hause, der Steinbockmann wird sofort alles tun, um sie von ihrer Furcht zu erlösen: Er würde nicht mehr an der See Urlaub machen, selbst wenn er das Kapitänspatent hätte. Und er wird sein Haus mit den modernsten Sicherheitsvorkehrungen ausrüsten. Außerdem: Es ist seltsam, aber in seiner Nähe verschwinden ohnehin viele Ängste – einfach so. Er wird nie Sex verlangen, wenn sie nicht möchte. Ach, sagen wir es doch ganz einfach, auch wenn es antiquiert und etwas kitschig klingt: Der typische Steinbockmann wird seine Frau auf Händen tragen, ihr jeden Wunsch von den Augen ablesen und ihr alle Handgriffe abnehmen.

Und wo ist der Haken? Ganz einfach, er ist nicht »ihr Typ«, er ist absolut kein »Womanizer« und schon gar kein Schürzenjäger. Er wird sie nicht auf einem feurigen Pferd entführen, nicht einmal in einem offenen Cabrio. Er wird keine romantischen, schmachtenden Liebesbriefe schreiben, keine Komplimente ins Telefon hauchen, und wenn sie ihn im durchsichtigen Negligé an der Tür empfängt, wird er sie schelten, sie sei für die Jahreszeit zu leicht angezogen.

Ein Steinbockmann kann so nüchtern und so ernüchternd sein, dass es einem die Sprache verschlägt. Daher muss ihn eine Frau – jetzt knüpfen wir wieder am Anfang an –, die seine sonstigen unbestreitbar großartigen Eigenschaften liebt, von Anfang an erziehen und ihm verdeutlichen, dass sie keine Pantoffeln im Schlafzimmer duldet, seine Brille nicht ausstehen kann (die meisten Steinböcke tragen ein unmögliches Modell), mehr Feuer von ihm erwartet, jeden Morgen einen richtigen Zungenkuss und dazu ein süßes, neues Kompliment hören möchte.

Anders gesagt, der Steinbockmann ist, was die Liebe betrifft, ein kleiner Junge, der an die Hand genommen werden möchte und der Liebeskunde bedarf. Man braucht viel Geduld und darf dazwischen nie vergessen: Die großen und wichtigen Dinge stimmen bei einem Steinbockmann.

Wie klappt's mit den anderen Sternzeichen?

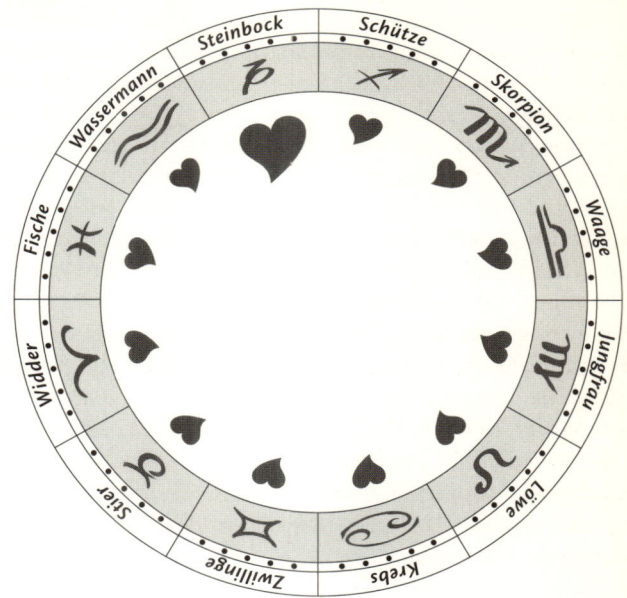

Sich zu kennen ist erst die eine Hälfte des Wegs zum Glück. Die andere Strecke muss auch noch zurückgelegt werden. Dabei geht es darum, seine Mitmenschen, besonders den Partner – das »Du« –, zu erforschen. Erst wenn man beides kennt, sein »Ich« und sein »Du«, verfügt man über die Voraussetzungen für eine funktionierende Beziehung und ein befriedigendes Liebesleben.

Mit jedem Vertreter des Zodiaks erwartet einen etwas anderes. Man selbst bleibt zwar immer der oder die Gleiche. Aber weil das Gegenüber wechselt, verhält man sich anders, je nachdem, um welches Tierkreiszeichen es sich handelt.

In der Astrologie sind nun bestimmte Erkenntnisse und Regeln zusammengestellt, die dabei helfen können, mit den verschiedenen potenziellen Partnern besser umzugehen, gemeinsam mehr

Spaß zu haben, Konflikte zu vermeiden, erfüllter zu lieben und zu leben und länger zusammenzubleiben.

Zuvor ist jedoch noch etwas Grundsätzliches zu sagen: Viele Menschen haben den Eindruck, der Sternenkunde zufolge gäbe es Kombinationen, die gut funktionieren, und andere, die »floppen«. Das ist so falsch. Es gibt keine Verbindung, die unmöglich ist. Mit anderen Worten, als Steinbockgeborener kann man mit allen, egal, ob Widder, Löwe oder Wassermann. Allerdings verlangt jede Partnerschaft einen bestimmten »Preis«. Bei manchen Kombinationen heißt der Preis Ruhe oder Entspannung, bei anderen braucht man vielleicht mehr Zeit. Auch ist es von Fall zu Fall möglich, dass man mit einem bestimmten Partner in eine Krise gerät und dann etwas unternehmen muss, um sie gemeinsam zu bewältigen. Es gibt keine Beziehung, die nur positiv ist. Es gibt allerdings solche, die bequemer sind als andere. Wer aber will entscheiden, ob Bequemlichkeit in jedem Fall ein erstrebenswertes Gut ist?

Die Astrologie kann dabei helfen, ein erfülltes Leben in der Partnerschaft zu finden. Doch der Mensch verliebt sich – dem Himmel sei Dank – mit dem Herzen. Das Herz ist allemal stärker als irgendwelche Prinzipien, die unter Umständen sogar noch dogmatisch ausgelegt werden. Deswegen sollte man im Zweifelsfall immer auf seine eigene innere Stimme hören, damit nicht aus einer guten Sache, die die Astrologie ja nun mal ist, für Einzelne ein Hindernis auf ihrem Weg zum Glück wird.

Gegensätze ziehen sich an: Steinbock und Krebs

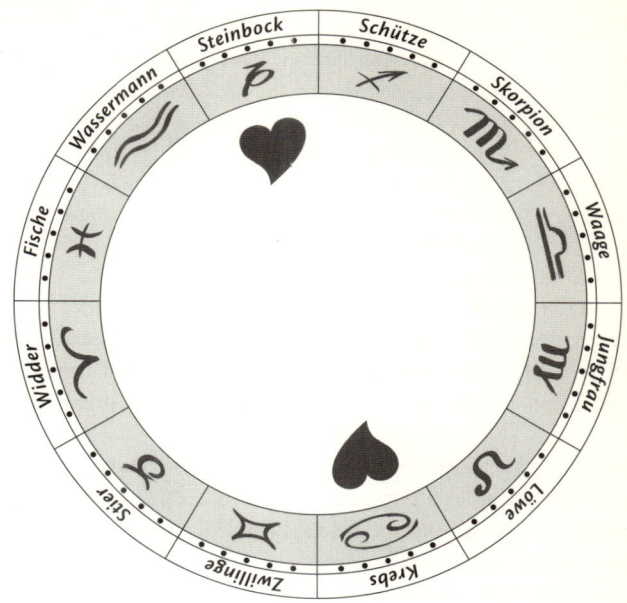

Zwischen dem Steinbock und dem Krebs, seinem Gegenzeichen (man nennt es auch »Oppositionszeichen«), liegt im Tierkreis die größtmögliche Distanz. Das bedeutet symbolisch, dass zwischen beiden der größte Unterschied besteht. Kein Vertreter des Zodiaks unterscheidet sich stärker von einem Steinbock als der Krebs. Von daher könnte man annehmen, Steinbockgeborene hätten mit solchen Menschen wenig zu tun. Aber das ist ein Irrtum. Der Astrologie zufolge sind zwei sich gegenüberliegende Zeichen zwar so verschieden wie Plus und Minus, aber sie ziehen sich auch an wie der positive und der negative Pol eines elektromagnetischen Feldes. Es fließt also sofort »Strom«, wenn sich Steinbock und Krebs begegnen.

Es ist ungefähr so, als würde man auf einer Reise in ein weit entferntes Land Menschen treffen, die zwar völlig anders sind als man selbst, die einen aber faszinieren, interessieren und anziehen – als kennte man sie aus irgendeiner fernen Zeit genau.

Der Kosmos »will« eben, dass man sich nicht in sein Ebenbild, sondern in seine Ergänzung verliebt. Letztlich sind ja auch Mann und Frau verschieden, und just aus dieser Verschiedenheit heraus erwächst die unwahrscheinliche Spannung, die Gefühle weckt, welche stärker sein können als alles andere auf der Welt.

»Du hast alles, was mir fehlt …!« Das ist die richtige Einstellung zu seinem Gegenzeichen – und: »Zusammen sind wir ganz, so wie zwei Kreishälften einen vollständigen Kreis bilden.« Steinböcke, die Krebsen gegenüber eine grundsätzliche Ablehnung hegen, sollten sich dieses astrologische Gesetz der Liebe immer wieder vor Augen halten und in sich hineinspüren. Ganz sicher finden sie eine Resonanz, ein Gefühl von Neugierde und tiefem Interesse, das sie bisher vielleicht nur noch nicht wahrgenommen haben.

Was die Sterne über Steinbock und Krebs sagen

Kein anderes Zeichen legt so viel Wert auf Pflichterfüllung und Loyalität wie der Steinbock. Es fällt ihm oft schwer, seine Zuneigung zu zeigen. Er versucht, über seine Gefühle hinauszuwachsen. Der Krebs hingegen lebt seine Gefühle, kultiviert sie, erklärt sie für »heilig«. Deswegen wird es einem Steinbock mit einem Krebs, der ihm eventuell voller Emotion »auf die Pelle rückt«, schnell zu viel, und er schottet sich ab, zeigt seine frostige, unnahbare Seite. Von daher empfiehlt es sich auch für Krebse, einem Steinbock gegenüber immer wieder »auf cool zu machen«. Das lockt ihn, das gibt ihm Sicherheit. Und letztlich, daran besteht überhaupt kein Zweifel, ist ein Krebs mit seiner gefühlvollen, weichen, hingebungsvollen Seele das Höchste für ihn, verkörpert der geliebte andere doch das Reich, das ihm selbst so fremd ist, das ihm jetzt aber offensteht.

Aber in einer unreifen Verbindung fühlt sich einerseits der sensible Krebs vom realitätsorientierten Steinbock möglicherweise unterdrückt, und andererseits kann der Steinbock Mühe haben mit dem aus seiner Sicht kindlichen Gehabe des Krebses. In einer entwickelten Beziehung hingegen wird der Steinbock durch den Krebs das Kind in sich selbst entdecken und lernen, dass nicht nur Erfolge zählen, sondern auch häusliche Geborgenheit. Umgekehrt verhilft der Steinbock dem Krebs zu Stabilität und innerer Festigkeit. Letzterer findet bei diesem Partner die Sicherheit, von der er weiß, dass er sie allein niemals erlangen würde.

Das kleine Liebesgeheimnis

Gegensätze ziehen sich an. Und was am weitesten voneinander entfernt liegt, kann sich auch am nächsten liegen. Liebe ist gerade die goldene Brücke zwischen Gegensätzen. Sie macht uns ganz, weil sie das bringt, was uns selbst fehlt. In der Astrologie heißt es (und dies ist die Botschaft aller esoterischen Lehren), dass jedes Singuläre und Vereinzelte das Bestreben hat, ganz zu werden. Dieser Wunsch kann umso größer sein, je mehr sich der eine Mensch vom jeweils anderen unterscheidet. Und entsprechend stärker ist die Liebe.

Das gilt in besonderer Weise für eine Beziehung zwischen Steinbock und Krebs. Aber das ist auch eine generelle Gesetzmäßigkeit. Denn jeder andere Mensch, gleich welchen Tierkreiszeichens, wird in irgendeiner Hinsicht ganz anders sein als Sie. Wenn Ihre Herzdame oder Ihr Herzbube ein Krebsgeborener ist, sollten Sie diese Verschiedenheit also nicht von vornherein als Störung und Hindernis betrachten, sondern als Chance, noch tiefer, noch umfassender zu lieben.

Knapp vorbei ist auch daneben:
Steinbock und Zwillinge · Steinbock und Löwe

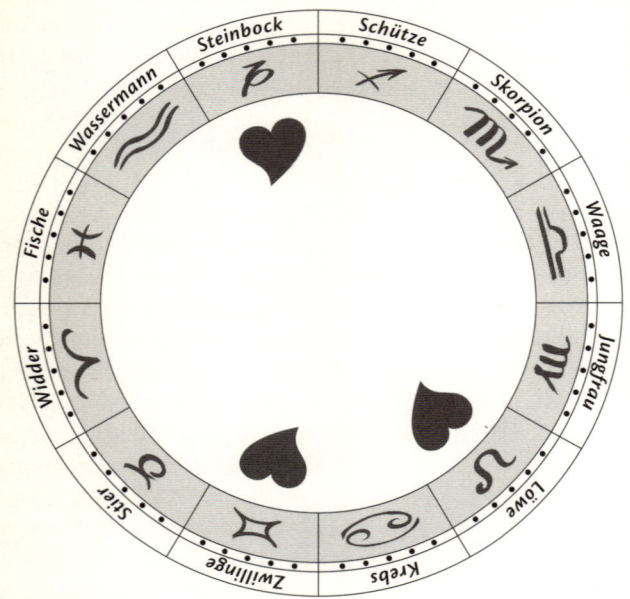

In diesem Abschnitt geht es um die Beziehung zu zwei Zeichen, die unmittelbar neben dem Gegenzeichen, dem Krebs, liegen: um Zwillinge und Löwe. Diese beiden befinden sich ebenfalls sehr weit vom Zeichen Steinbock entfernt.

Man sollte also annehmen, auch zwischen Steinbock und Zwillingen einerseits und Steinbock und Löwe andererseits existiere eine ähnliche »Anziehung und Abstoßung«. Aber wieder hat die Astrologie eine Überraschung parat: Diese Beziehungen sind schwierig und funktionieren nur unter Vorbehalt. Die Ursache liegt in der unterschiedlichen Grundstimmung. Steinbock ist, was das Element betrifft, ein Erdzeichen. Zwillinge ist ein Luft- und Löwe ein Feuerzeichen. Zwischen Erde einerseits und Luft bzw. Feuer andererseits bestehen schwerwiegende Differenzen des Erlebens und Verhaltens. Man kann sich das wieder ungefähr so vorstellen, als begegnete man auf einer Reise in ein fernes Land Menschen, die völlig anders sind als man selbst. Aber dieses Andere empfindet man zunächst nicht als reizvoll, anziehend und aufregend, sondern es erweckt erst einmal Vorbehalte und stößt auf Ablehnung. Mit einem Wort, man ist sich fremd und findet auf Anhieb keine Möglichkeit, dieses Befremdliche aus dem Weg zu räumen.

Sollte man dann Menschen mit diesen beiden Tierkreiszeichen meiden? Die Antwort lautet natürlich: »Nein!« Denn es gibt auch zahlreiche Gründe, die *für* eine Beziehung mit ihnen sprechen. So lernt man im Umgang mit derartig fremden Naturellen in der Regel sehr viel mehr als mit solchen, die einem vertraut sind.

Es kommt auch vor – und dies passiert gar nicht so selten –, dass es das eigene Schicksal zu sein scheint, gerade Menschen zu lieben, die aus einer völlig konträren Welt kommen. Zum Beispiel kann es sein, dass es in der Familiengeschichte schon einmal oder mehrmals ein derartiges Zusammenkommen mit Fremden gegeben hat (Eltern oder Großeltern etwa können ebenfalls eine solche Beziehung gehabt haben, so dass man seine eigene Existenz diesem Wagnis verdankt).

Doch wie auch immer, man muss wissen, dass man hier keine leichte und bequeme Lösung gewählt hat und nicht erwarten kann, dass sich diese Beziehung ohne Probleme gestalten wird.

Was die Sterne über Steinbock und Zwillinge sagen

Man nähert sich mit gegenseitigem Respekt. Manche Begegnungen der typischen Vertreter dieser beiden Tierkreiszeichen kommen über eine vielversprechende Liebesnacht nicht hinaus. Andere wiederum werden erst nach Monaten so warm, dass sie miteinander ins Bett gehen können.

Eine Verbindung zwischen einem Steinbock und einem Zwillinggeborenen bedeutet nämlich für beide eine unglaubliche Herausforderung. Der Steinbock hat seine Erkenntnisse hart erarbeitet und vertritt konsequent seinen Standpunkt. Dieser wird nun vom geistigen Windspiel der Zwillinge ständig in Frage gestellt. In den Augen des Steinbocks ist der Zwillingepartner ein Luftikus, auf den, wenn es ernst wird, kein Verlass ist. Umgekehrt wissen Zwillinge mit dem statusbewussten Steinbock nicht richtig umzugehen. Einerseits finden sie sein »Getue«, seinen Ernst und Ehrgeiz komisch, auf der anderen Seite ahnen sie, dass sie ohne derartige Tugenden im Leben nicht recht weit kommen.

Die beiden haben die nicht ganz leichte Aufgabe, ein Gleichgewicht zwischen einer nachdenklichen und gewissenhaften Lebensart einerseits und einer unbeschwerten und lässigen andererseits zu finden.

Was die Sterne über Steinbock und Löwe sagen

Mit keinem Zeichen des Tierkreises wird so viel Bewusstsein für Pflichterfüllung und Loyalität assoziiert wie mit dem Steinbock. Und kein anderer Vertreter des Zodiaks sonnt sich so gern in seinem Glanz wie der Löwe. Letzterer ist ein Mensch, der aus dem Augenblick heraus lebt, das Dasein nimmt, wie es kommt, und versucht, das Beste daraus zu machen. Der Steinbock geht da ganz anders vor. Er kann beispielsweise heute verzichten, um dafür morgen davon zu profitieren – eine für den Löwen schier undenkbare Art, zu leben.

Des Weiteren geht ein Löwe grundsätzlich den leichten und schönen Weg, während der Steinbock die Erfahrung gemacht hat, dass der bequeme nicht unbedingt auch der bessere Weg ist. Er setzt insbesondere dann auf Hartnäckigkeit und Ausdauer, wenn es um Karriere und Erfolg geht. Der Steinbock kann spartanisch leben, und der Löwe braucht einen gewissen Luxus. Der eine möchte sparen, der andere gibt gern Geld aus. Und sogar beim Quantum Liebe und Zärtlichkeit bestehen verschiedene Maßstäbe: Der Löwe ist der Überzeugung: »Je mehr, umso besser!« Der Steinbock hingegen argwöhnt, dass zu viel Zuwendung letztlich den Charakter schwächen könnte.

Hier kommen also zwei Menschen mit verschiedenen Grundbedürfnissen zusammen. Ob nun der Steinbock seinen Ehrgeiz dafür einsetzt, um die hochgespannten Daseinsansprüche des Löwen zu erfüllen, oder ob sich die zwei in ihrer Verschiedenheit entgegenkommen – das steht letztlich nicht in den Sternen, sondern liegt an der Liebe und der Bereitschaft der beiden Menschen selbst.

Das kleine Liebesgeheimnis

Wenn Sie als Steinbock jemanden kennen oder lieben, dessen Tierkreiszeichen Zwillinge oder Löwe ist, dann sollten Sie sich sagen, dass es bestimmt Gründe gibt, warum Sie gerade diesem Menschen begegnet sind. Lernen Sie von ihm, dass das Fremde kein Hinderungsgrund für eine tiefe Liebe sein muss. Gehen Sie davon aus, dass Sie zusammen einen zwar schwierigen, aber unglaublich interessanten Weg einschlagen können.

Versuchen Sie immer wieder, die Situation mit den Augen dieses anderen Menschen zu betrachten, sie mit seinen Ohren zu hören und mit seinen Gedanken zu erfassen. Lernen Sie dadurch eine Welt kennen und lieben, von der Sie sonst vielleicht kaum je etwas erfahren hätten.

Ein Vertrauter in der Fremde:
Steinbock und Stier · Steinbock und Jungfrau

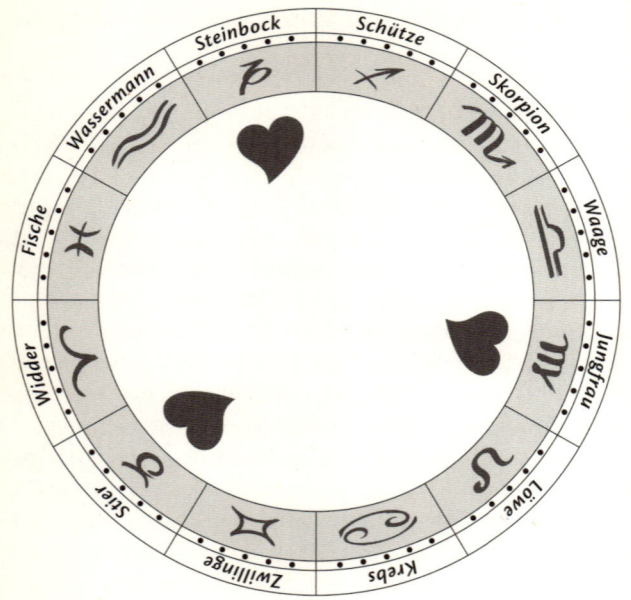

Zwischen dem Tierkreiszeichen Steinbock und den beiden Abschnitten Stier einerseits und Jungfrau andererseits besteht auf dem Zodiak eine relativ große Distanz. Man könnte daher vermuten, dass auch Stier- und Jungfraugeborene mit einem Steinbock nicht so leicht warm werden und dass eine Liebesbeziehung, wenn überhaupt, nur unter großen Schwierigkeiten und mit zahlreichen Hindernissen möglich ist. Aber nach astrologischen Erkenntnissen verhält es sich genau umgekehrt. Steinbock und Stier bzw. Jungfrau verstehen sich in der Regel auf Anhieb und können ohne weiteres eine lebenslange, erfüllte Beziehung führen.
Es ist, als würden wir auf der bereits erwähnten vorgestellten Reise weit in der Ferne plötzlich jemanden treffen, der aus derselben

Stadt kommt und dieselben Menschen kennt wie wir. Man fühlt sich sofort verstanden, hat Gesprächsstoff und ist glücklich, in der Fremde jemandem zu begegnen, der die gleiche Sprache spricht. Das schafft von vornherein Vertrauen, Sicherheit und Nähe.

Der Astrologie zufolge kommen diese Tierkreiszeichen besonders gut miteinander aus und können langjährige Beziehungen eingehen. Ja, es ist eine der klassischen Beziehungen für eine Heirat und Familiengründung.

Was die Sterne über Steinbock und Stier sagen

Beide haben weitgehend ähnliche Auffassungen von lebenspraktischen Dingen – die Wahl des Kinofilms, der Wohnungseinrichtung, des Urlaubsziels und dergleichen mehr. Insbesondere fühlt sich der Stier mit einem Steinbock sehr sicher, denn dieser vertritt Ordnung, Verlässlichkeit und die Unantastbarkeit des Eigentums. Aber auch umgekehrt fühlt sich der Steinbock bei dem Stier wie zu Hause, denn jener stellt seine Grundsätze nicht in Frage.

Allerdings besteht auch diese Partnerschaft nicht nur aus eitel Sonnenschein, sondern ihr Weg ist mit Hürden und Fallen versehen, die zu Erstarrungen und auch Trennungen führen können, wenn sie nicht in Güte aus der Welt geschafft werden. An erster Stelle ist es die Sexualität. Kein anderes Zeichen legt so viel Wert auf Pflichterfüllung und Loyalität wie der Steinbock. Entsprechend schwer fällt es ihm, seine Zuneigung und seine Gefühle spontan auszuleben. Seinen Leidenschaften und der Sinnlichkeit traut er nicht so recht, und sie spielen im Vergleich zu Karriere und persönlichem Wachstum in seiner Welt eine nebengeordnete Rolle. Für einen Stier sind sie aber so selbstverständlich wie Essen, Trinken und Schlafen.

Ein Problem besteht auch darin, dass es mit der Zeit an Konträrem, Andersartigem fehlt: Die beiden sind sich eben doch zu ähnlich. Kommen jetzt nicht Kinder, die durch ihr eigenes Tierkreiszeichen ein ganz anderes Element in die Beziehung einbringen, kann diese Ähnlichkeit zu Gleichgültigkeit und Lieblosigkeit führen. Doch wenn sich Genuss und Arbeit in eine stimmige Balance bringen lassen, so ist dies ein Paar, das ohne weiteres seine goldene Hochzeit erleben kann.

Was die Sterne über Steinbock und Jungfrau sagen

In einer Verbindung zwischen einem Steinbock und einer Jungfrau finden sich zwei Zeichen, bei denen Werte wie Pflicht, Loyalität, Sorgfalt und Arbeit keine leeren Worte sind. Die gemeinsame Zukunft wird aufgrund der Erfahrungen geplant, und unnötige Risiken werden tunlichst vermieden. Wo Sparsamkeit und Ordnung Vorrang haben, können die gefassten Ziele auch realisiert werden.

Man verliert sich also nicht in verschiedenen Interessen, sondern hat gemeinsame Ziele, Freunde und gleichartige Wünsche. In Geschmacksfragen stimmt man ebenfalls weitgehend überein. Auch beim Thema Sex ist man ähnlicher Ansicht, nämlich insofern, als man erstens nicht übertreibt und zweitens mit einer gewissen Gefühlshärte und Rauhbeinigkeit gut umzugehen vermag, also weiß, wie man sich trotzdem gegenseitig »antörnen« kann.

Probleme treten auf, wenn der weibliche Part Steinbock, der männliche Jungfrau ist. Die Steinbockfrau erwartet dann nämlich von ihrem Partner Geradlinigkeit und Stärke, welche die Jungfrau nun einmal nicht aufweist. Eine weitere Schwierigkeit resultiert daraus, dass mit der Zeit die Herausforderungen fehlen, weil man sich so ähnlich ist. Am besten wirkt dann eine gemeinsame Reise weit weg vom Arbeitsplatz. Das hebt die Lust und Leidenschaft beider Tierkreiszeichen.

Das kleine Liebesgeheimnis

Wenn Sie als Steinbockgeborener jemanden kennen oder lieben, dessen Tierkreiszeichen Stier oder Jungfrau ist, dann können Sie sehr glücklich sein. Sie haben einen Menschen an Ihrer Seite, der beides mitbringt: genügend Ähnlichkeit und Übereinstimmung einerseits und ausreichend Unterschiedliches und Fremdes andererseits. Ihre Beziehung wird nicht langweilig und einschläfernd.

Sollten Sie dennoch einmal über Eintönigkeit klagen, dann brauchen Sie nur gemeinsam Ihre Siebensachen zu packen und zu verreisen. Sobald Sie Ihre gewohnte Umgebung verlassen, Grenzen überschreiten, gemeinsam in einem Hotelbett liegen, kommen Liebe und Leidenschaft zurück – und es ist wie am allerersten Tag.

Das verflixte Quadrat:
Steinbock und Widder · Steinbock und Waage

Eine Frau betritt einen Raum, ein Café zum Beispiel, in dem sie noch nie war, was schon von vornherein leicht befremdliche Gefühle und Unsicherheit bei ihr ausgelöst hat. Sie freut sich, da sie einen leeren Tisch sieht, und setzt sich dorthin. Doch dann bemerkt sie aus den Augenwinkeln heraus, dass jemand sie von der Seite anschaut. Sie blickt schnell hoch, doch der (oder die) andere sieht weg. Sobald sie sich aber wieder mit der Speisekarte oder einer Zeitschrift beschäftigt, wiederholt sich das Spiel: Die Frau fühlt sich beobachtet. Dieser Mensch beginnt ihr auf die Nerven zu gehen, aber da ist auch eine gewisse Neugierde, wer denn diese andere Person sein mag. Kennen sie sich vielleicht von irgendwoher? Ob alles auf einer Verwechslung beruht? Oder ob der andere vielleicht schräge Absichten hegt?

Ungefähr so gestaltet sich die Kontaktaufnahme zwischen dem Zeichen Steinbock und jenen, die im Zodiak in einer quadratischen Beziehung (einem Winkel von 90 Grad) zu diesem Zeichen stehen, also Widder und Waage. Es besteht Interesse und Ablehnung zugleich. Man kennt sich, ohne zu wissen, woher. Man ist interessiert und irritiert. Man weiß nicht, ob man bleiben oder gehen soll.

Der Astrologie zufolge sind Beziehungen auf der Basis eines Quadrats sehr schwierig, stehen unter Spannung, erzeugen Konflikte, schaden der Liebe, stören sie, führen zu einer Trennung oder lassen überhaupt keine Bindung zu. Sollte man dann nicht um solche Tierkreiszeichen besser einen weiten Bogen machen?

Das kann man so nicht sagen. Das Herz entscheidet sich, wie wir wissen, manchmal gerade für einen derartigen Partner. Es existieren auch zahlreiche solcher Liebesbeziehungen. Manche halten sogar ein ganzes Leben lang. Aber sie sind nicht einfach. Mit einem Widder- oder Waagepartner werden Steinböcke das Gefühl nie richtig los, dass sie sich nicht entspannen, sich nicht völlig gehen lassen können. Ein bisschen sieht immer alles nach Arbeit und nach Problembewältigung aus. Hier soll eine schicksalhafte Aufgabe gelöst werden.

Das ist meist auch der tieferliegende Sinn einer derartigen Beziehung. Man muss etwas lernen, bewältigen, in Ordnung bringen. Es gibt Astrologen, die behaupten, solche Bindungen hätten bereits in einem früheren Leben existiert. Damals aber habe man Fehler gemacht, sich nicht respektiert oder was auch immer. Daher müsse man in diesem Leben wieder zusammenkommen, um etwas gutzumachen. Wer weiß …?

Sicher ist, dass Steinböcke mit einem Widder- oder Waagegeborenen etwas lernen. Sie können auch gar nicht anders, wenn ihre Beziehung Bestand haben soll. Eine derartige Partnerschaft ist sogar vorzüglich dafür geeignet, sich persönlich zu entwickeln, aber auch Karriere zu machen. Unbewusst »schiebt« einen der

Widder- bzw. Waagegeborene sozusagen regelrecht auf der Karriereleiter aufwärts. Es kann genauso gut umgekehrt sein, dass Steinböcke ihren Partner nach oben puschen. Die Karriere bzw. der Beruf ist dann etwas, woran sich die Spannung innerhalb einer »Quadratbeziehung« entladen kann.

Eine andere Möglichkeit ist die, dass Paare mit einer derartigen Tierkreiszeichen-Konstellation Kinder bekommen, die dann (auf positive Weise) ebenfalls als »Spannungslöser« wirken. Auch ein guter Freund oder enger Bekannter, sogar ein Haustier wie ein Hund oder eine Katze können diese Rolle übernehmen.

Was die Sterne über Steinbock und Widder sagen

Bekanntermaßen legt kein anderes Zeichen so viel Wert auf Pflicht und Loyalität wie der Steinbock. Es fällt ihm oft schwer, seine Zuneigung und seine Gefühle zu zeigen. Leidenschaften traut er nicht, und seine Sexualität und seine ausgeprägte Sinnlichkeit scheint er gern zu verdrängen. Vielleicht scheut er auch das Risiko, weil ihm letztlich das gesellschaftliche Ansehen wichtiger ist. Im Grunde seines Herzens sucht er jedoch einen Partner, der ihn auflockert.

Hier ist er beim Widder genau an der richtigen Adresse. Der kann ihn aus der Reserve holen und bringt dann seine spontanen Saiten zum Klingen. Eine Liaison oder eine gemeinsam verbrachte Nacht ist daher wie der Himmel auf Erden, weil auch der Widder durch die Kühle des Steinbocks zu allerhöchsten Anstrengungen motiviert wird.

Dennoch kommt es hier eher selten zu einer längeren Partnerschaft. Wie's weitergeht, hängt nämlich völlig davon ab, wie kompromissbereit beide sind. Erlebt der Steinbock den Widder als permanente Störung, als rotes Tuch, als einen, der sich nicht fügen will unter die Gesetze des Lebens und der Gemeinschaft? Betrachtet der Widder den anderen als ewigen »Controlletti«, der ihm jede Freude vermiest? Beide habe Hörner – also gnade ihnen Gott, wenn es zu keiner Einigung kommt …

Was die Sterne über Steinbock und Waage sagen

Waage und Steinbock sind Gegensätze wie Luft und Erde, Phantasie und Realität, Entspannung und Arbeit. Von daher gehen die beiden ein gewisses Risiko ein, wenn sie sich füreinander entscheiden. Im negativen Fall machen sie sich gegenseitig die Hölle heiß. Der Steinbock wird die Waage wegen ihrer Entscheidungsschwäche verurteilen, und die Waage wird sich beim Steinbock revanchieren und ihm seine Herzlosigkeit und mangelnde Liebe vorwerfen.

Der Steinbock legt wie gesagt viel Wert auf Pflichterfüllung und Loyalität. In der Liebe fällt es ihm oft schwer, seine Zuneigung zu zeigen, und hier kann die charmante Waage den Steinbock aus der Reserve holen. Das Gemeinsame zwischen den beiden Zeichen ist ihr Gerechtigkeitssinn. Der Steinbock ist eine Autorität, oft auch autoritätsgläubig, und er fällt aufgrund dessen, was sein »muss«, und der gegebenen Strukturen rigorose Entscheidungen. Die Waage dagegen sucht nach Kompromissen und Lösungsmöglichkeiten, die allen gerecht werden.

Im günstigen Falle kennzeichnen friedliebende Perspektiven, gemeinsam mit Ehrgeiz und Ordnungssinn, ein Paar, dem neben der persönlichen Verwirklichung auch die Belange unserer Gesellschaft ein Anliegen sind.

Das kleine Liebesgeheimnis

Wenn Sie als Steinbock einen Menschen kennen oder lieben, dessen Tierkreiszeichen Widder oder Waage ist, haben Sie einen eher schwierigen Partner gewählt. Aber das muss in gar keiner Weise etwas Negatives sein. Wer will beurteilen, ob Beziehungen immer locker und leicht sein sollen? Lernen wir nicht alle aus dem, was schwierig, problematisch, unangenehm ist? Und das bedeutet ja auch keineswegs, dass Sie mit einem derartigen Partner nicht auch Ihr Glück finden.

Nur Folgendes sollten Sie wissen: Diese Beziehung braucht Kraft und Mut. Sie ist keine Angelegenheit, die so nebenbei läuft. Sie müssen sich immer wieder auseinandersetzen, zueinanderfinden, Ihre Unterschiede betonen und dennoch kompromissbereit sein.

Und Sie dürfen eins niemals vergessen: Sie sind diese Beziehung freiwillig eingegangen, Sie können sie notfalls auch wieder beenden. Es ist Ihre immer wieder neue Entscheidung (und natürlich auch die Ihres Partners), ob Sie zusammenbleiben wollen. Sie müssen sich nicht bis zur Selbsterschöpfung aufreiben.

Gute Freunde und mehr:
Steinbock und Skorpion · Steinbock und Fische

Die beiden Tierkreiszeichen Skorpion und Fische sind dem Abschnitt Steinbock sehr nah, lediglich ein einziger Abschnitt des Zodiaks liegt jeweils dazwischen. Von daher darf man erwarten, dass es sich bei einem Skorpion- oder Fischepartner um jemanden handelt, der ähnlich ist, die gleichen Anschauungen hat und so denkt und fühlt wie man selbst. Es ist ungefähr so, als würde man jemanden kennenlernen, der in unmittelbarer Nachbarschaft wohnt, in dieselbe Schule geht oder im selben Betrieb arbeitet. Trotzdem unterscheiden sich diese Menschen von Steinbockgeborenen in einem wesentlichen Punkt: Der Steinbock ist vom Element her Erde; Skorpion bzw. Fische jedoch sind Wasserzeichen. Die Elemente Erde und Wasser ergänzen sich gut. Insofern teilen Steinböcke mit solchen Menschen viel Ähnliches und Verwandtes, aber es gibt auch mehr als genügend Unterschiedliches, so dass es sehr reizvoll ist, einander näher kennenzulernen. Und der Astrologie zufolge gehören diese Beziehungen zu den bestmöglichen!

Was die Sterne über Steinbock und Skorpion sagen

Es existieren in aller Regel genügend Gemeinsamkeiten zwischen beiden, aber es gibt auch ausreichend Unterschiede. Man kann also zusammenleben, ohne dass Eintönigkeit und Langeweile aufkommen. Das Wichtigste ist, dass sie gleich stark sind. Auf dieser Basis kann man etwas miteinander anfangen, sich immer wieder zusammenraufen und weiterentwickeln.

Beide teilen weitgehend ihre Vorstellungen von einer Partnerschaft. Beispielsweise ist es ihnen wichtig, sich an Absprachen zu halten, sich gegenseitig zu achten und wahrhaftig miteinander umzugehen. Und es sind Menschen, die Tiefe anstreben und das Äußere schnell als schnöden Schein abqualifizieren.

Beim Thema Sex bestehen zwar zunächst große Unterschiede. Denn der Skorpion ist ein Gefühlsmensch, für den es nichts Schöneres gibt, als sich seinen Emotionen hinzugeben, der Steinbock dagegen behandelt Gefühle etwas »von oben herab« und schaltet eher den Verstand vor. Aber in dieser Kombination überwiegt meistens doch die Ergänzung. Der Skorpion ist nämlich auch froh über jemanden, der nicht so schnell »gefühlsgebeutelt« wird wie er selbst, während der Steinbock neben einem Menschen glücklich ist, der nicht wie er allem mit der Ratio zu Leibe rückt.

Was die Sterne über Steinbock und Fische sagen

Symbolisch gesprochen, findet in dieser Kombination das »Wasser« die »Erde« und damit ein Ufer, einen Halt, Sicherheit, ein Zuhause. Umgekehrt trifft die Erde das Wasser, sie stillt ihren »Durst«, wird weich und fruchtbar.

Tatsächlich ergänzt sich ein Paar mit den Tierkreiszeichen Steinbock und Fische in wunderbarer Weise. Man findet, was einem selbst am meisten fehlt – der Steinbock das Seelische (Wasser), der

Fischegeborene das Feste (Erde). Darüber hinaus sind typische Vertreter beider Zeichen Einzelgänger. Bevor sie sich in einer »Zwangsgemeinschaft« gegenseitig nervten, bliebe jeder lieber solo. Aber in dieser Kombination respektiert der eine die Eigenart und die Grenzen des anderen. Man findet also endlich ein »Du«, ohne sein »Ich« einschränken zu müssen.

Diese zwei Menschen können zu einer gefühlvollen und erfüllenden Liebe gelangen, die auf gegenseitigem Respekt fußt. Ihre widersetzlichen Naturen eröffnen einander neue Horizonte. Die verschiedenartigen Erfahrungen, die jeder mitbringt und immer wieder neu macht, liefern viel anregenden Gesprächsstoff.

Das kleine Liebesgeheimnis

Wenn Sie als Steinbock einen Skorpion- oder Fischegeborenen kennen, haben Sie einen für Sie idealen Partner gefunden. Sie werden sich prima verstehen, und Sie haben einen Menschen an Ihrer Seite, auf den Sie sich verlassen können. Ihr Partner ist vom Element her Wasser, während Sie selbst ein Erdzeichen sind. Erde und Wasser, so heißt es in der Astrologie, ergänzen sich bestens. Im Alltag werden Sie dies als Fröhlichkeit und Glück erleben.

Gelegentlich aufkommende Langeweile oder Disharmonien können Sie immer aus der Welt schaffen, indem Sie gemeinsam etwas unternehmen. Aber Sie sind »Freunde«, vergessen Sie das nie! Freunde versuchen sich nicht zu gängeln und auch nicht zu betrügen. Solange Sie diese »Spielregel« beachten, leben Sie in einer glücklichen Partnerschaft, die durch Kinder noch stabiler und erfüllter werden wird.

(Nicht immer) gute Nachbarn:
Steinbock und Schütze · Steinbock und Wassermann

Die beiden Tierkreiszeichen Schütze und Wassermann liegen auf dem Zodiak unmittelbar neben dem Steinbockabschnitt. Von daher erwartet man vielleicht, dass man sich – wie es bei »richtigen« Nachbarn auch sein sollte – wunderbar versteht.

Einerseits trifft das sicher zu: Die Kombination von nebeneinanderliegenden Tierkreiszeichen ist tatsächlich häufig, und diese Beziehungen sind oft sehr befriedigend. Beide Partner haben das Gefühl, dass sie zueinander gehören, und fühlen sich, wenn sie sich kennenlernen, sehr schnell vertraut – so als wären sie uralte Bekannte, vielleicht sogar noch mehr, Geschwister zum Beispiel.

Aber das ist nur die eine Seite der Medaille. Wie es bei besagten »richtigen« Nachbarn oder Geschwistern bekanntermaßen auch vorkommt, entsteht schnell das Gefühl von Konkurrenz, Neid und Eifersucht. Es ist, als müsste sich jeder dem anderen gegenüber behaupten und besser, unabhängiger, liebevoller oder was auch immer sein. Insbesondere die Unterschiede werden dabei zu stark hervorgehoben. Solche Unterschiede bestehen ja in der Tat, aber sie sind etwas ganz Normales. Denn bei einem Steinbock handelt es sich um ein Erdzeichen, während die Nachbarn den Elementen Luft (Wassermann) bzw. Feuer (Schütze) zugeordnet sind. Man ringt also um Abgrenzung und Individualität: Bei Geschwistern entwickelt man sich ab einem bestimmten Alter auseinander, aber keineswegs, weil man sich nicht mehr liebt, sondern weil man eigene Wege gehen muss und zu viel Nähe und Vertrautheit einen daran hindern würden. Ähnliches kann in einer Partnerschaft geschehen. Zwei Vertreter von Tierkreiszeichen, die nebeneinanderliegen, können zuweilen sogar recht niederträchtig miteinander umspringen. Hier gilt es, beizeiten zu lernen, sein Bedürfnis nach Abgrenzung auf positive Weise auszuleben. Denn nur dann, wenn man seine Individualität pflegt, ohne den anderen zu diskriminieren, gibt es eine glückliche Zweisamkeit, die Bestand hat.

Was die Sterne über Steinbock und Schütze sagen

Der Schütze möchte bis zum Gehtnichtmehr expandieren, Grenzen sind für ihn ein Greuel. Für den Steinbock hingegen bedeuten Grenzen Sicherheit. Toleranz wiederum – eine Haupttugend des Schützen – legt der Steinbock als Schwäche aus. Und für den Schützen ist zu viel Ordnung – ein Hauptprinzip des Steinbocks – lebensverneinend.

Diese Kombination läuft in fast allen Fällen auf einen Zweikampf zwischen Antrieb und Hemmung hinaus: Der typische Schütze braucht Ziele, etwas, worauf er sich zubewegen kann. Er muss in Bewegung bleiben, weil das seine Urmotivation ist, durch die er zu sich findet und »bei sich bleiben« kann. Ein waschechter Steinbock hingegen reglementiert alles und setzt verbindliche Maßstäbe. Er muss schon zuvor genau das Resultat kennen, um überhaupt mit einer Aktion zu beginnen, während der Schütze erst einmal loslegt, sein Ziel verfolgt und dann schon feststellen wird, was dabei herauskommt. Es ist ein kolossaler Gegensatz, der meistens dazu führt, dass sich weder der Schütze noch der Steinbock genügend angenommen (geliebt) fühlt.

Es ist also nicht einfach mit den beiden, obwohl sie sozusagen »Tür an Tür« leben. Aber es existieren auch gute Gründe, um eine Beziehung zu wagen: Der ernste Steinbock profitiert von der humorvollen Art des Schützen, umgekehrt hilft der Steinbock dem anderen, auf dem Boden der Realität zu bleiben. Der gemeinsame Weg zur Mitte besteht dann darin, dass der Schütze seine Ideen einbringt und der Steinbock diese auf ihre Machbarkeit hin überprüft.

Was die Sterne über Steinbock und Wassermann sagen

Es gibt Wassermänner, die »total« auf Steinböcke »abfahren«: Der Partner sei so »cool«, zuverlässig, standhaft, sich seiner selbst so sicher. Es gibt aber auch Wassermänner, die die Hände über dem Kopf zusammenschlagen, wenn sie nur in die Nähe eines Steinbocks geraten: zu verschlossen, zu spießig, zu langweilig!

Umgekehrt ist es ähnlich. Für die Hälfte aller Steinböcke verkörpert der Wassermann Eigenschaften, nach denen er schon immer sucht: extravertiert, leicht, luftig, kommunikativ. Die andere Hälfte hält Wassermänner für oberflächlich, naiv und kindisch.

Wie so häufig im Leben gehen sowohl die schwärmerischen als auch die ablehnenden Beurteilungen am Kern vorbei. Wahr ist, dass Wassermänner und Steinböcke nur mühsam zusammenkommen, beide sich aber so viel zu geben haben – der eine Erde, der andere Luft –, dass eine Freundschaft oder eine berufliche Beziehung einen großen Gewinn darstellt. In einer Partnerschaft geht es allerdings noch um andere Dinge als darum, voneinander zu lernen und aneinander zu arbeiten, nämlich auch Ausgleich und Entspannung zu finden. Und daran mangelt es diesem Duo.

Das kleine Liebesgeheimnis

Mit einem Schütze- oder Wassermannpartner haben Sie als Steinbock einen wunderbaren Menschen an Ihrer Seite: Seine Welt ist Ihnen vertraut, er ist wie ein guter Bruder oder eine liebevolle Schwester zu Ihnen, er wird auf Sie aufpassen und Ihnen das Gefühl von Geborgenheit schenken – und genauso verhalten Sie sich umgekehrt ihm gegenüber.

Sie müssen aber wissen, dass Sie sich unter Umständen zu nahe sind, weswegen sich Ihre Unterschiede nicht richtig entfalten können. Eine derartige Beziehung geht nur dann gut, wenn Sie sich Ihre natürliche Verschiedenheit zugestehen und trotz Ihrer großen Nähe immer wieder ganz andere Wege gehen. Kultivieren Sie Ihren Unterschied! Lassen Sie nicht zu, dass Sie sich noch ähnlicher werden! Unternehmen Sie immer wieder einmal etwas allein – das hilft Ihrer Liebe.

Wenn es zu Konflikten kommt, ist es wichtig, dass Sie Differenzen herausarbeiten und sie sich auch gegenseitig zugestehen.

Ich liebe ... »mich«: Steinbock und Steinbock

Eine Beziehung zwischen Menschen mit dem gleichen Tierkreiszeichen ist so eine Geschichte für sich. Zum einen hat man seinen »Zwillingsbruder« bzw. seine »Zwillingsschwester« gefunden, und man kennt den anderen wie sich selbst. Man ist sich vertraut, denkt, fühlt, handelt genauso, und das kann wunderschön sein. Manchmal versteht man sich sogar ganz ohne Worte. Beim Thema Sex zum Beispiel scheint der andere genau die Wünsche zu erraten, die man selbst immer träumt.

Auf der anderen Seite kann man sich auch *zu* ähnlich sein. Menschen haben nicht nur ein Bedürfnis nach Nähe, Ähnlichkeit und Verständnis, sondern auch nach Individualisierung, nach Abgrenzung, nach dem Anderssein. Und genau dieses Bedürfnis »stört« in Beziehungen mit dem gleichen Tierkreiszeichen normalerweise früher oder später die Liebe. Es kommt dann zu der paradoxen und absurden Situation, dass zwei Menschen, die sich im Grunde eigentlich so gleichen wie ein Ei dem anderen, plötzlich ihre Unterschiede betonen, als kämen sie von zwei verschiedenen Planeten, und sich am Ende überhaupt nicht mehr verstehen.

Wozu sollte man dann eine derartige Beziehung überhaupt eingehen? Nun, wie gesagt hat man ja erstens oft gar keine andere Wahl, weil das Herz (Gott sei Dank!) allemal stärker ist als irgendwelche Theorien. Und zweitens ist eine Beziehung mit einem Menschen desselben Tierkreiszeichens sehr wohl ein Gewinn. Infolge der ständigen Auseinandersetzung mit dem »Doppelgänger« kann man nämlich damit beginnen, seine eigenen Qualitäten stärker zu erleben. Das ist insbesondere für diejenigen wichtig, die ihre Stärken und Schwächen nicht richtig kennen. Genauso bedeutsam ist ein anderer Aspekt: Wer einen Partner mit demselben Tierkreiszeichen liebt, kommt vielleicht auf diesem Weg auch zu der Liebe zu sich selbst.

Was die Sterne über Steinbock und Steinbock sagen

Wenn zwei Steinböcke zueinanderfinden, sind Werte wie Achtung, Treue, Pünktlichkeit und Verantwortungsgefühl selbstverständlich. Über Nebensächlichkeiten wird kein Wort verloren. Man versteht sich, man kennt sich, man weiß, was der jeweils andere will.

Allerdings prallen in einer Beziehung zweier Steinböcke auch die Gehörne beider »Böcke« aufeinander. Wie steht es um die Hierarchie in der Beziehung: Wer ist das »Alphatier«? So lautet hier die Frage, um die bis zum Sankt-Nimmerleins-Tag offen oder völlig unbewusst gerungen werden kann.

Das kleine Liebesgeheimnis

Eine Beziehung zweier Menschen mit dem gleichen Tierkreiszeichen wird in aller Regel nach einer anfänglichen Phase kolossaler Euphorie mit Schwierigkeiten konfrontiert. Es geht dann darum, das Gemeinsame und das Unterschiedliche auseinanderzuhalten und sich nicht in extremen Positionen zu verlieren. Für eine derartige Beziehung ist es besonders wichtig, Unterschiede wohlwollend zu akzeptieren und sich gegenseitig möglichst viele Freiräume zuzugestehen.

*Ganz falsch wäre es allerdings, wenn die Partner versuchten, **noch** mehr Ähnlichkeiten herzustellen, zum Beispiel indem sie miteinander arbeiten oder jede freie Stunde gemeinsam verbringen.*

Der Steinbock und seine Gesundheit

Seit über zweitausend Jahren existiert eine systematische astrologische Gesundheitslehre, und bis weit über das Mittelalter hinaus bedienten sich die meisten Ärzte dieser Systematik, um Krankheiten zu diagnostizieren und zu heilen. Ein guter Arzt war früher immer auch ein Astrologe. Seine Diagnose und Behandlung richtete sich nach den Sternen. Nie wäre einem damaligen Medicus eingefallen, einen Eingriff am Körper vorzunehmen, ohne die Konstellation der Sterne zu konsultieren. Erst im Zusammenhang mit dem in der Einleitung erwähnten Niedergang der Astrologie ab dem 16. bzw. 17. Jahrhundert trennte sich die Medizin von der Astrologie. In jüngster Zeit allerdings beginnen immer mehr ganzheitlich denkende Ärzte, sie wieder mit einzubeziehen, wenn es um Vorbeugung, Diagnose und Behandlung geht – und die Erfolge geben ihnen recht. Dass man zum Beispiel Operationen oder Zahnextraktionen besser bei abnehmendem Mond vornimmt, ist heute eine weitverbreitete Erkenntnis, was nicht nur viele Patienten wissen, sondern auch immer mehr Ärzte berücksichtigen. Ebenso findet die allgemeine astrologische Gesundheitslehre, wonach jedem Sternzeichen bestimmte Krankheitsdispositionen zugeordnet werden, bei immer mehr Menschen Beachtung. Ich bin überzeugt von ihr. Wer sich nach ihr richtet, bleibt länger gesund, jung, dynamisch und unterstützt bei einer Krankheit ohne Zweifel den Genesungsprozess.

Die Schwachstellen von Steinbockgeborenen

Die Astrologie sagt, Steinbockgeborene haben Schwierigkeiten, »ihre Haltung zu bewahren«, neigen also zu Erkrankungen, die ihre Haltung beeinträchtigten.

Diese Menschen werden im Laufe ihres Lebens tatsächlich steif, gehen gebeugt, bekommen Rückenschmerzen, einen Bandscheibenvorfall, einen steifen Hals bzw. Nacken. Die Körperregionen – bestimmte Muskeln und vor allem das Skelett –, die für die menschliche Haltung sorgen, sind ihre Schwachstellen, ihre »Loci minoris Resistentiae«, wie es in der Fachsprache heißt. Eigentlich trifft das jedoch so nicht zu. In Wirklichkeit handelt es sich keineswegs um einen schwachen, sondern vielmehr um den stärksten Aspekt ihres Seins. Diese »Orte« sind die bevorzugten Regionen ihrer Lebensbewältigung, und entsprechend werden sie auch strapaziert. Steinbockgeborene müssen sich daher um ihre Haltung besonders kümmern, sie hegen und pflegen.

Steinböcke können selbstverständlich auch andere Leiden bekommen. Aber der Ursprung respektive die Ursache jeder Erkrankung – und das ist der springende Punkt – wird sich immer auf das Skelett und das Zusammenspiel mit bestimmten Muskeln zurückführen lassen. Hier nehmen sämtliche Leiden ihren Anfang.

Wie ist das zu verstehen? Die Suche nach einer Antwort führt über das normale Bewusstsein hinaus. Sie erschließt sich aus dem Innersten menschlichen Seins.

Äußere Haltung

Haltung bezieht sich zunächst auf den Körper. Heutzutage weiß man, dass es die perfekte Haltung gibt. Gesunde Tiere haben sie, Kinder und wenige erwachsene Menschen auch. Die perfekte – oder sagen wir: die gesunde – Haltung hält sich selbst aus dem Knochenbau heraus. Sie folgt einer inneren Statik. Da braucht es keine Muskelkraft. Alles ruht in und auf sich selbst.

Ein Baum ruht in sich. Bei einem Bauwerk ruht jeder Stein auf dem anderen. Auch der menschliche Körper hat diese Fähigkeit, ganz ohne Muskelkraft »in Haltung« zu sein. Darum geht es im Leben eines Steinbocks. Er gibt Halt und gibt Haltung vor. Ein Steinbock ist ein Beispiel für andere.

Die richtige Haltung zu finden braucht allerdings Übung und viel Aufmerksamkeit. Denn allzu groß ist die Gefahr, sich zu verkrampfen und damit krank zu werden.

Innere Haltung

Neben der körperlichen oder äußeren Haltung spricht man auch von einer inneren Haltung. Bei ihr gilt das Gleiche. Nur sehen die Erkrankungen anders aus: Man wird mutlos, deprimiert, ängstlich und schließlich gemütskrank.

Innere Haltung beruht darauf, dass das Leben im Einklang mit dem großen Ganzen steht: mit Gott, der Natur, der Jahreszeit, dem Kosmos, den Sternen. Von überall her kommt die Botschaft, dass eine Ordnung existiert, die Halt und Haltung verleiht. Man wird ihrer gewahr, wenn man sich besinnt, meditiert, still wird, sich öffnet für diese Wirklichkeit. Sie kommt dann zu einem. Man muss sie nicht suchen. Man wird gefunden. Diese universale Haltung durchwirkt auch jede Gemeinschaft, jedes Volk und letztendlich die gesamte Menschheit. Steinbockgeborene haben dabei eine gewichtige Aufgabe: Weltweit Millionen Menschen mit der Sonne im Zeichen Steinbock sind dafür auserwählt, anderen Halt zu geben, ein Vorbild zu sein, in sich ruhend, sich ihrer selbst und des Ganzen gewiss und sicher zu sein.

Das alles kostet Kraft und Aufmerksamkeit – sehr viel sogar. Insofern ist es beinah normal, dass der Steinbock, wenn er einmal älter geworden ist, gebeugter geht, verkrampfter ist oder unter Schmerzen in seinem Rücken leidet. Dennoch geht es darum, seine Haltung zu bewahren, seine Aufgabe zu erfüllen, ohne krank zu werden. Steinböcke müssen daher lernen, sich besser zu schützen. Und das Wichtigste ist: Sie müssen es tun, bevor die ersten Verschleißerscheinungen auftreten.

Vorbeugung und Heilen

Am Anfang jeder vorbeugenden Maßnahme und Heilung steht bewusstes Erkennen. Einsicht veranlasst uns mit der Zeit dazu, eine bestimmte (falsche, ungesunde) Art zu leben in eine bessere, gesündere zu ändern. Einsicht bedeutet aber auch noch mehr. Zwischen Erkenntnis und dem Körper besteht eine Verständigung. Wissen und Einsicht erhalten bzw. bewirken Gesundheit. Allein daran zu denken, dass eine besondere Veranlagung zu bestimmten Erkrankungen besteht, verändert nicht nur das Verhalten, sondern auch die entsprechenden Körperfunktionen.

Einsicht schließt auch ein Verstehen körperlicher und psychosomatischer Zusammenhänge mit ein. Wenn man verstanden hat, wie der Organismus funktioniert, und nachvollziehen kann, wie es zu körperlichen und seelischen Krankheiten kommt, wird jeder verantwortungsbewusste Mensch wacher und gesünder leben.

Es muss funktionieren

Menschen mit dem Sternzeichen Steinbock betrachten das Leben »mechanisch« sowie unter dem Gesichtspunkt der »Funktionalität«; sie sind vor allem an Belastbarkeit und Haltbarkeit interessiert. Diese fast ausschließliche Ausrichtung aufs Funktionieren macht die Steinböcke gleichwohl anfällig für Krankheiten und Störungen, weil sie sozusagen immer an vorderster Front stehen im täglichen Lebenskampf und dort ihre Haltung zu bewahren suchen. Das fordert Tribut.

Selbsterkenntnis ist auf dem Weg zu mehr Gesundheit und Vitalität der erste und wichtigste Schritt. Auf Störungen und Konflikte reagieren Steinböcke mit Beschwerden an den Knien oder anderen Gelenken bzw. mit Hautproblemen. Es ist daher wichtig, das Skelett, insbesondere die Knie, in seiner physischen und »seelischen« Funktionsweise zu kennen.

Hart und beweglich

Ohne das Knochengerüst ist jede aufrechte Haltung eine Illusion. Wer einmal versucht hat, aus Lehm oder Knetmasse einen sitzenden oder gar stehenden Menschen zu formen, weiß, wie schwierig dies ohne stabilisierende Hilfsmittel wie Draht oder Holz zu bewerkstelligen ist. Ohne eine Stütze sinkt die Form in sich zusammen. Diese Stütze darf aber auch nicht zu starr sein. Wie man beim Bau von Gebäuden oder Brücken eine gewisse Dehnbarkeit und Biegsamkeit der Konstruktion einkalkuliert, dürfen auch im menschlichen Organismus die Knochen nicht zu hart sein. Daher ist die Knochensubstanz teils organischer, teils anorganischer Natur. Zerstört man durch Ausglühen die organische Substanz, bleibt allein das harte Mineralgerüst über, der Knochen wird spröde, bricht und splittert bei der geringsten Belastung. Entfernt man aber durch Säurebehandlung die Mineralsalze, also den anorganischen Teil, so werden die Knochen biegsam wie Gummi.

Die zugleich hohe Belastbarkeit und Flexibilität eines Knochens wird außerdem durch ein ausgeklügeltes System von Druck- und Zuglinien gewährleistet. Trotzdem wäre der menschliche Körper plump und unbeholfen, verbänden nicht Gelenke die verschiedenen Knochenabschnitte miteinander. Ohne Gelenke ist der menschliche Körper steif und kann sich nur äußerst unbeholfen – schiebend oder hüpfend – vorwärts bewegen.

Von allen Gelenken wird dabei in besonderer Weise das Knie dem Steinbock zugeordnet. Von der Stärke, Mechanik und Funktionalität dieses Körperteils hängt die aufrechte Haltung wesentlich ab. Die Knie funktionieren nämlich als eine Art Puffer und fangen Unebenheiten des Bodens und Schwankungen des Körpers auf. Mit steifen Knien kann man nicht gehen, aber auch nicht mit zu »weichen«. Es kommt auf die richtige Mischung an.

So wichtig Knie für einen aufrechten und erhabenen Stand und Gang sind, so haben sie dennoch auch einen Bezug zur Demut. Beim Gebet oder bei einer Begegnung mit einer besonders herausragenden Person geht man auf die Knie, zumindest in früheren Zeiten. Auch wer um Gnade fleht, lässt sich auf seine Knie fallen.

Im Alter jung

Steinböcke brauchen Zeit, denn sie sind überaus gründlich. Daher müssen sie sich die nötige Zeit auch selbst gewähren. Sie benötigen sogar zum Leben Zeit. Denn Steinböcke werden erst im Alter richtig glücklich und zufrieden. Sie brauchen ein Menschenalter, um ihr Dasein auf dieser Erde zu akzeptieren. Der Vorteil einer solchen Einstellung liegt darin, dass Steinböcke sich in der Regel Rüstigkeit und einen klaren Geist bewahren. Ja, es heißt in der

Astrologie, Steinböcke würden erst in ihren späten Tagen richtig jung und jugendlich.

Wichtig ist, dass sie sich nicht ein zu starres Prinzip überstülpen. Sie sollten das Leben nicht geradlinig, sondern wechselhaft, spontan und zyklisch begreifen. Sie dürfen auch nicht vergessen, dass zum Leben Demut und Gefühle wie Aggressionen und Ärger gehören. Körperliche wie geistige Gesundheit manifestieren sich in einer richtigen Haltung. Sie ist aufrecht und beweglich und folgt dabei einem natürlichen Ausdruck. In der Weise, wie der Steinbock auf seine äußere Haltung achtet, achtet er auch auf sein inneres Wesen und damit auf seine Gesundheit.

Die Apotheke der Natur

Gegen Rheumatismus helfen morgens eine Tasse Löwenzahntee und vor dem Schlafengehen eine Tasse Tausendgüldenkraut. Auch der Borretsch (Gurkenkraut) hat sich bei rheumatischen Beschwerden sehr bewährt. Man lässt 50 Gramm der Blätter in einem Liter Wasser kurz aufkochen, gießt es ab und trinkt den Tee über den Tag verteilt. Als Bäder sind jene mit Heublumen besonders zu empfehlen. Man setze Heublumenextrakt dem Wasser zu und nehme wenigstens zweimal in der Woche ein Bad (Badedauer: 10 bis 20 Minuten). Nach dem Baden sollte man sofort ins Bett, da man stark nachschwitzt.

Und noch ein altes Hausmittel gegen Rheumatismus: eine rohe Kartoffel in der Mitte teilen und damit die schmerzenden Stellen behutsam massieren.

Die richtige Diät für Steinböcke

Steinböcke sollten bei ihrer Ernährung auf reichliche Flüssigkeitszufuhr achten. Von Natur aus haben sie nämlich die Tendenz, zu wenig zu trinken. Zwei Liter Wasser täglich, möglichst Quellwasser, ist für sie die unterste Grenze. Damit regen sie ihren Flüssigkeitshaushalt an und wirken der bei ihnen bestehenden Tendenz zu Verhärtungen entgegen (Steinbildung in Nieren und Blasen sowie Versteifungen).

Die richtige Diät für einen Steinbock besteht daher aus stark wasserhaltigen Rohstoffen, also aus Früchten und vor allem Gemüse. Dieses nimmt man am besten roh oder höchstens gedünstet und ohne Salz zu sich. Im Frühjahr und Herbst sollten sich Steinböcke regelmäßig jeweils eine Woche lang ohne Salz ernähren.

Beruf und Karriere

Ganz entspannt ganz weit oben

Steinböcke haben einen natürlichen Drang, nach oben zu kommen. Das ist allerdings nur den wenigsten unter ihnen von Anfang an klar. Viel eher setzt sich dieser »Trieb« beinah unbewusst oder unbemerkt durch: Bei jeder Wegkreuzung in seinem Leben wählt der Steinbock jenen, der nach oben führt, auch wenn er noch so beschwerlich ist.

Eine dreiundfünfzigjährige Steinbockfrau, die sich von mir beraten ließ, hatte in ihrem bisherigen Leben schon einiges erreicht: Ohne höhere Schulbildung (als ältestes von zwölf Kindern musste sie bereits früh für die Geschwister die Mutterrolle übernehmen) hatte sie es in der Zwischenzeit zur selbständigen Unternehmerin und Chefin von mehreren Dienstleistungsbetrieben im süddeutschen Raum gebracht. Als sie zu mir kam, sagte sie, dass sie jetzt eigentlich zum ersten Mal in ihrem Leben kürzertreten, sich mehr freie Zeit nehmen könne. »Der Laden läuft«, meinte sie. Aber wieder einmal war ihre Reise an eine Kreuzung gelangt. Ein Weg zeigte in Richtung Bequemlichkeit, der andere führte zu einer völlig neuen Aufgabe, nämlich dem Import von ausländischen Waren. Die Frau wollte nun wissen, wie »die Sterne« hinsichtlich dieser neuen Unternehmung stünden.

»Die Sterne« sagen einem Steinbock stets, dass er noch weiter, noch höher hinaus soll. Das liegt ihm im Blut. Arbeit macht ihn nicht müde, höchstens das Nichtstun. Ich kenne Steinböcke, die keinen Beruf ausüben, weil sie viel Geld geerbt haben. Unter diesen kenne ich jedoch keinen, der dabei glücklich wäre.

Nun darf man sich einen Steinbock aber nicht als ehrgeizigen und gestressten Hektiker vorstellen. Im Gegenteil. Gerade weil es sein Naturell ist, arbeitet er in der Regel viel lässiger als andere. Er ist sogar entspannt, eher die Ruhe selbst als ein nervengeplagter Mensch. Außenstehende wundern sich, dass er so viel (und meist auch Verantwortliches und Wichtiges) erledigen kann und trotzdem gutgelaunt und entspannt des Weges kommt.

Viele Steinböcke waren als Kinder und Jugendliche eher Leistungsverweigerer. Sie zeigen in der Schule häufig keinen besonderen Ehrgeiz und sind nicht an einem Studium interessiert. Dieser Befund wird auch von Ergebnissen der *Akte Astrologie* (Gunter Sachs) gestützt. Steinböcke studieren demnach signifikant weniger als der vergleichbare Bevölkerungsdurchschnitt. Aber sogar wenn sie als Fließbandarbeiter oder Putzfrau beginnen: Sie werden es nicht ewig tun! Sie sind so brauchbar und schließlich so unersetzlich, dass man sie irgendwann bittet, das Kommando zu übernehmen. Hinter ihren Erfolgen steckt jedoch kein machtbesessener Machiavellist. Viel eher strahlen sie etwas aus, das andere veranlasst, ihnen immer mehr Verantwortung einzuräumen. Man könnte fast meinen, sie kämen bereits als Profis auf die Welt.

Ich kenne einen italienischen Steinbock, der als Hilfsarbeiter in einer Autofabrik anfing und heute Inhaber einer Restaurantkette ist. Ein anderer begann seine berufliche Karriere als Laufbursche in einem Hotel und leitet heute einen mobilen Partyservice, der bei Partys oder Feiern in ganz Deutschland bestellt wird. Eine Steinbockfrau verdingte sich als Sekretärin bei einem Jungfilmer und dirigiert heute ihre eigene Firma. Ein Steinbock braucht sich daher über seine berufliche Zukunft wohl keine Sorgen zu machen: Ganz egal, was er im Moment tut, er wird sich weiterentwickeln, es geht aufwärts. Auch Steinböcke, die keinen Job haben sollten, müssen sich nicht wirklich sorgen: Sie werden Arbeit finden!

Ein Steinbock braucht keinen Boss, der ihm sagt, wo es langgeht. Das sieht er selbst. Verantwortung für die Sache ist ihm nämlich ebenfalls in die Wiege gelegt worden. Trotzdem ist der Steinbock nicht wie der Wassermann, der sich mit jeder Autorität anlegt. Nein, ein Steinbock erkennt stets Autoritäten an – aber er hat sie in aller Regel schnell ein- und überholt. Steinböcke sollten daher danach streben, ihr eigener Herr zu werden, sich einen Platz zu schaffen, an dem ihm andere so wenig wie möglich ins Gehege kommen. Der Steinbock ist der geborene selbständige Unternehmer, egal, ob er einen kleinen Tabak-und-Zeitschriften-Laden, einen Handwerksbetrieb, eine Bar betreibt oder freiberuflicher Architekt ist.

Der vorgezeichnete Weg

Viele Steinböcke, vielleicht die meisten von ihnen, schlagen allerdings den sicheren und altbewährten Weg nach oben ein: zum Beispiel die Beamtenkarriere oder eine sonstige Laufbahn im öffentlichen Dienst. Das sind vorgezeichnete Wege, die in Etappen mit genau definierten Pflichten und Privilegien hinaufführen: vom Amtmannanwärter bis zum Oberamtmann, vom Gefreiten bis zum Major, vom Studienrat bis zum Studiendirektor, vom Anwalt bis zum obersten Richter. Es gibt viele Steinböcke, die ihr Bedürfnis nach Sicherheit dadurch befriedigen, dass sie in den öffentlichen Dienst gehen oder einen Beruf wählen, der gemeinhin als sicher gilt.

Sicherheit, Ordnung, Altbewährtes, Pflicht – dies alles ist extrem wichtig für Steinbockmenschen, manchmal sogar wichtiger als die Tätigkeit selbst. Mit anderen Worten, die Welt ist voller Steinböcke, welche einer Tätigkeit nachgehen, die ihnen außer Sicherheit herzlich wenig bietet.

Vielleicht entstand bisher der Eindruck, Steinbockgeborene könnten alles machen, solange sie nur nach oben gelangen bzw. ihr eigener Herr werden können. Daran ist mehr als ein Körnchen Wahrheit. Sie leisten in der Tat überall Beachtliches, egal, was es ist. Dennoch gibt es Präferenzen. So arbeiten Steinböcke gern im Gastgewerbe. Sie kochen, mixen und schenken gern ein. Servieren mögen sie weniger, vielleicht wegen des zu direkten Kontakts mit den Gästen. Aber als Barkeeper, der hinter einer dicken Brüstung seine Getränke zaubert, ist man geschützt, da hat man sein Revier. Jedoch wird ein Steinbock – und ich wiederhole nur, was ich schon mehrmals sagte – nicht immer nur kochen oder servieren; irgendwann hat er sein eigenes Restaurant, seine eigene Bar und erscheint vielleicht nur noch, um die Tageseinnahmen abzuholen.

Des Weiteren ist Erziehung ein ausgesprochenes Steinbockthema: Aus impulsiven, unreflektierten und lustbetonten Kindwesen in liebevoller und positiver Weise kontrollierte Erwachsene zu formen, dazu braucht es die Geduld, aber auch die Strenge des Steinbocks. Der berühmte Pädagoge Pestalozzi beispielsweise war ein Steinbock. Wo immer Wissen und Disziplin weitergegeben werden, im Kindergarten, in einem Seminar, in der Volkshochschule, beim Fahrunterricht, in Wachstumsgruppen, an der Universität, beim Managementtraining, sind Steinböcke stark vertreten. Es geschieht auch nicht selten, dass Steinböcke, die ursprünglich mit »Lehren« gar nichts am Hut hatten, zum Beispiel als Schuster, Koch oder Sekretärin begannen, irgendwann gefragt wurden, ob sie nicht ihr Wissen an andere weitergeben möchten.

Steinbock ist ein Erdzeichen. Es verweist damit auf Materie, Stofflichkeit und Konkretisierung. Steinbockgeborene arbeiten daher gern handwerklich, sachbetont und in der Natur. Sie werden häufig Maurer, Gärtner, Landwirte, Mechaniker, Schreiner oder Zimmerleute.

Ihr Wissen um die Gesetzmäßigkeit der Dinge lässt sich auch auf den menschlichen Körper übertragen: Steinböcke sind gute Masseure, Körpertherapeuten, Chiropraktiker und Orthopäden.

Steinbockgeborene wählen gern Berufe, bei denen sie vom Schreibtisch aus Anweisungen und Antworten geben, organisieren, verwalten, zusammenbringen, lenken und regieren können.

Und, nomen est omen, ein Lieblingsmaterial von Steinböcken ist tatsächlich Stein. Bildhauer, Mineralienhändler, Steinmetz, Maurer, Fliesenleger, Bergmann, Geologe, Denkmalpfleger und Restaurateur sind Berufe, die dieser Vorliebe entsprechen.

Weltmeister im Organisieren

Niemand kann besser organisieren als Steinböcke. Egal, was sie dabei vor sich haben, Kinder oder Erwachsene, Künstler oder Beamte, Kranke oder Gesunde, Menschen, Dinge oder Termine – sie gehen perfekt mit allem um. Was ihnen dabei zu Hilfe kommt, ist der Blick für das Wesentliche. Während sich andere mit Details und Nebensächlichkeiten abplagen, erkennen Steinböcke die Struktur, das Ganze, die Quintessenz. Es ist, als stünden sie tatsächlich auf einem Berg, von dem aus sich das größere Ganze erkennen ließe. Entsprechende Berufsrichtungen, in denen diese Fähigkeiten als unerlässlich gelten, sind Politik, Wirtschaft, Management, aber auch Verwaltung und Versorgung.

Ihre Fähigkeit, bestens auch mit sich selbst zurechtzukommen, prädestiniert manche Steinbockmenschen für solche Berufe, bei denen man allein arbeiten muss, beispielsweise als Bergbauer, Forscher, Astronom, Wachpersonal, Nachtwächter und Wetterbeobachter.

Das Arbeitsumfeld und die Berufe

Wo arbeiten Steinböcke am liebsten?

Steinböcke arbeiten gern nach eigenen Vorstellungen und Regeln und werden daher am liebsten Unternehmer in eigener Regie. Des Weiteren fühlen sie sich in ihrem Element, wo allgemeines Wissen, Regeln, Gesetze vermittelt und durchgesetzt werden. Sie scheuen weder schwierige noch unbequeme Arbeiten, und man findet sie dort, wo mit der Berufsausübung Einsamkeit verbunden ist. Darüber hinaus zieht es sie zu Berufen, bei denen überwacht, organisiert und verwaltet wird. Auch wo es um Belange der Allgemeinheit geht, finden sich Steinböcke, so zum Beispiel in der Erziehung, Versorgung, Familien- und Kommunalpolitik, im öffentlichen Dienst und den vielfältigen Tätigkeiten als Beamte. Forschung und Lehre sind ebenfalls Gebiete, auf denen sich Steinböcke Lorbeeren verdienen. Genauso leisten sie Großartiges in handwerklichen Berufen und in der Landwirtschaft.

Berufe der Steinböcke

A/B (Angestellter/Beamter) Arbeitsverwaltung, A/B Behörden Bund/Länder, A/B Bergverwaltung, A/B Bundesbank, A/B Bundesgrenzschutz, A/B Bundeswehrverwaltung, A/B Deutsches Patentamt, A/B Finanzverwaltung, A/B Gewerbeaufsicht, A/B Justizverwaltung, A/B Kommunalverwaltungen, A/B Kriminalpolizei, A/B Polizei, A/B Sozialversicherungsanstalten, A/B Strafvollzugsdienst, A/B Wetterdienst, A/B Zoll, Agraringenieur, Altenpfleger, Antiquitätenhändler, Anwendungsprogrammierer, Apotheker, Archivar, Astronom, Astrophysiker, Berufe bei der Deutschen Bahn AG, Berufe in Umweltorganisationen, Berufsschullehrer, Bibliothekar, Bilanzbuchhalter, Biochemiker, Biotechniker, Botaniker, Buchhalter, Bürogehilfe, Bürokaufmann, Chemotechniker, Datenbankspezialist, Datenverarbeitungskaufmann, Diakon, Dipl.-Ing. Elektrotechnik, Dipl.-Ing. Fachrichtung Chemie, Dipl.-Ing. Hoch- und Tiefbau, Dipl.-Ing. im Metallbereich, Dipl.-Ing. in der Entwicklung, Dipl.-Ing. in der Konstruktion, Dipl.-Ing. in Verfahrenstechnik, Dipl.-Ing. Vermessungswesen, Diplombetriebswirt, -forstwirt, -handelslehrer, -holzwirt, -informatiker, -kaufmann, -mathematiker, -pädagoge, -physiker, -sozialarbeiter, -sportlehrer, -volkswirt, EDV-Organisator, Einzelhandelskaufmann, Elektroniktechniker, Elektrotechniker, Energiemanager, Ethnologe, Facharzt für Chirurgie, Fachlehrer, Fachwirt für Tagungs-, Kongress- und Messewirtschaft, Fahrlehrer, Gartenbauarchitekt, Gärtner, Gebäudetechniker, Geograph, Geologe, Geophysiker, Germanist, Gewerbelehrer, Gewerkschaftsfunktionär, Grund- und Hauptschullehrer, Haustechniker, Heimerzieher, Heimleiter, Historiker, Hochschullehrer, Hotelkaufmann, Industriekaufmann, Informatiker, Informationsbroker, Journalist, Jugendpfleger, Jurist, Kernphysiker, Kindergärtner, Kinderpfleger, Kultur- bzw. Medienmanager, Landespfleger, Landwirt, Lebensmittelchemiker, Lehrer in der Erwachsenenbildung, Lektor, mathematisch-technischer

Assistent, medizinisch-technischer Assistent (MTA), Meteorologe, Mikrobiologe, Notar, Ökologe, Ökomanager, Organisator, pädagogischer Assistent, Philologe, Philosoph, physikalisch-technischer Assistent, Physiklaborant, physiologischer Chemiker, Politiker, Politologe, Postmitarbeiter, Privatdozent, Programmierer, Psychotherapeut, Rechtsanwalt, Rechtspfleger, Recycling-Fachmann, Religionswissenschaftler, Reporter, Restaurator, Richter, Sekretär, Seminarleiter, Sonderschullehrer, Sozialwissenschaftler, Speditionskaufmann, Sportmanager, Sprachwissenschaftler, staatlich geprüfter Betriebswirt, Staatsanwalt, Statistiker, Steuerberater, Techniker in der Entwicklung, Techniker in der Fertigungstechnik, Techniker in der Konstruktion, Techniker in Verfahrenstechnik, technischer Zeichner, Teletutor, Theologe, Tierpräparator, Tourismusmanager.

Test: Wie »steinbockhaft« sind Sie eigentlich?

In diesem Test kann man erfahren, wie steinbockhaft man als Steinbockgeborener ist. Man gehe dabei folgendermaßen vor: Möchte man eine Frage mit einem Ja beantworten, soll man jeweils die Zahl ankreuzen. Wenn man also gern Testfahrer wäre, kreuzt man die Zahl 1 an (ein Nein wird nicht notiert).

	+	–
Wären Sie gern Testfahrer?	1	
Sind Sie ein Mensch, der gern Geld zurücklegt?	2	
Haben Sie gern mit Kunst zu tun?	3	
Sind Sie gern unter Menschen?	4	
Würden Sie gern Politik machen?	5	
Können Sie anderen leicht sagen, was sie tun sollen?	6	
Können Sie sich vorstellen, allein in einer Wetterstation zu arbeiten?	7	
Lesen Sie viel und gern?	8	
Möchten Sie gern schwerkranke Menschen betreuen?	9	
Ist es Ihnen egal, was Sie arbeiten?	10	
Ordnen Sie sich leicht unter?	11	
Können Sie gut warten?	12	
Ist Ihnen Harmonie wichtig?	13	
Möchten Sie auf dem Lande leben?	14	
Stehen Sie gern in der Öffentlichkeit?	15	
Sind Sie der Meinung, dass Falschparker rigoros bestraft werden müssen?	16	

	+	–
Möchten Sie an einer Diät als Testperson teilnehmen?	17	
Möchten Sie Gehälter abrechnen?	18	
Liegt Ihnen Zerstreuung sehr am Herzen?	19	
Arbeiten Sie lieber im Team als allein?	20	
Könnten Sie von der Hand in den Mund leben?	21	
Interessieren Sie sich für Mode?	22	
Mögen Sie das Risiko?	23	
Lassen Sie sich leicht überzeugen?	24	
Wären Sie gern ein Entdeckungsreisender?	25	
Mögen Sie häufige Veränderungen?	26	
Möchten Sie auf einer Bühne stehen?	27	
Können Sie gut allein leben?	28	
Können Sie leicht auf die Tageszeitung verzichten?	29	
Möchten Sie gern Erwachsene unterrichten?	30	
Halten Sie Gefühle für wichtiger als den Verstand?	31	
Können Sie leicht aus sich herausgehen?	32	
Liegt Ihnen das Wohlergehen anderer am Herzen?	33	
Sind Sie gern Gastgeber?	34	
Betreuen Sie gern Kranke?	35	
Sind Sie ein geborener Lehrer?	36	
Sind Sie ein beständiger Mensch?	37	
Gehen Sie gern und häufig aus?	38	
Möchten Sie Menschen beraten?	39	
Möchten Sie Schaufenster dekorieren?	40	

	+		−
Möchten Sie gefährliche Chemikalien transportieren?		41	
Können Sie sich vorstellen, hinter einem Bankschalter zu stehen?		42	
Treiben Sie gern Sport?		43	
Würden Sie gern als Diskjockey arbeiten?		44	
Möchten Sie als Animateur im Urlaub andere Menschen unterhalten?		45	
Möchten Sie in einem Modegeschäft Kleider verkaufen?		46	
Möchten Sie gern Reporter sein?		47	
Übernehmen Sie gern Verantwortung?		48	
Würden Sie gern Fotomodell sein?		49	
Können Sie leicht bei einer Sache bleiben?		50	
Summe	——	——	——

Auswertung

Schreiben Sie immer dann ein Plus (+) links neben die Zahl, wenn Sie die Nummern 2, 5, 6, 7, 12, 14, 16, 18, 28, 30, 36, 37, 39, 42, 48, 50 angekreuzt haben (maximal sechzehnmal ein Plus).

Tragen Sie immer ein Minus (−) neben der Zahl ein, wenn Sie die Nummern 4, 10, 19, 20, 24, 26, 31, 32, 38, 44, 45, 46 angekreuzt haben (maximal zwölfmal ein Minus).

Ziehen Sie die Anzahl der Minus- von der Anzahl der Pluszeichen ab. Die Differenz ist Ihr Testergebnis.

Interpretation

Ihr Testergebnis beträgt 5 oder mehr Punkte: Sie sind eine hundertprozentige Steinbockpersönlichkeit. Alles, was in diesem Buch über die Natur Ihres Tierkreiszeichens geschrieben steht, trifft in besonderem Maße auf Sie zu. Sie sind solide, bewusst, klar und eindeutig. Hinter einer Sache, die Sie für richtig erachten, stehen Sie hundertprozentig. Dem Leben begegnen Sie beobachtend und eher distanziert. Sie sind ein »Erdmensch«, der seine Erfahrungen vor allem mit Hilfe seiner fünf Sinne macht.

Ihr Testergebnis liegt zwischen 0 und 4 Punkten: Bei Ihnen ist das Steinbocknaturell gedämpft. Wahrscheinlich haben Sie einen Aszendenten, der die Qualität Ihrer Steinbockpersönlichkeit in einer anderen Richtung beeinflusst. Oder Ihr Mond hat diese Wirkung. Für Sie ist es daher interessant, die Stellung Ihres Mondes und Ihren Aszendenten im zweiten Teil dieses Buches kennenzulernen. Es kann aber auch sein, dass Sie durch frühere Erfahrungen dazu veranlasst wurden, Ihr Steinbocknaturell abzulehnen. Dann ist es besonders wichtig, dass Sie sich damit wieder anfreunden und es mehr zulassen.

Ihr Testergebnis beträgt weniger als 0 Punkte: Sie sind eine untypische Steinbockpersönlichkeit. Wahrscheinlich haben Sie einen Aszendenten, der sich völlig anders als das Steinbockprinzip deuten lässt, oder Ihr Mond steht in einem solchen Zeichen. Es wird sehr spannend für Sie sein, dies im zweiten Teil des Buches herauszufinden. Sie haben es aber im Laufe Ihres Lebens womöglich auch für nötig befunden, Ihre Steinbockseite abzulehnen und zu verdrängen. Es ist daher Ihre Aufgabe, sich mit diesem Teil Ihrer Persönlichkeit wieder anzufreunden: Sie sind zum großen Teil ein »Geschöpf der Erde« mit einem Naturell, das dafür geschaffen ist, Dinge voranzutreiben und darüber zu wachen, dass alles seine Richtigkeit hat.

Teil II
Die ganz persönlichen Eigenschaften

Der Aszendent und die Stellung von Mond, Venus & Co.

Vorbemerkung

In Teil I wurde erläutert, wie man zum »Sternzeichen« Steinbock kommt, nämlich dadurch, dass die Sonne zum Zeitpunkt der Geburt in diesem Abschnitt des Tierkreises stand. Nun gibt es in unserem Sonnensystem bekanntlich noch andere Himmelskörper, von denen der Erdtrabant Mond und die Planeten für die Astrologie bedeutsam sind. Sie alle haben ebenfalls entsprechend ihrer Stellung bei einer Geburt eine spezifische Aussagekraft. Obendrein spielen auch noch der Aszendent, die astrologischen Häuser und weitere Faktoren eine Rolle. Alles zusammen ergibt ein Horoskop. Dieses Wort hat seine Wurzeln im Griechischen und heißt so viel wie »Stundenschau«, weil ein Horoskop auf die Geburtsstunde (eigentlich Geburtsminute) genau erstellt wird. Es ist also eine – in Zeichen und Symbole übersetzte – Aufnahme der astrologischen Gestirnskonstellationen zum Zeitpunkt einer Geburt. Es spiegelt die vollständige Persönlichkeit eines Menschen wider.

Im Folgenden werden die neben der Sonne wichtigsten Größen eines Horoskops gedeutet: Aszendent, Mond, Merkur, Venus, Mars, Jupiter und Saturn. Sie können mit Hilfe des Geburtstags und der Geburtszeit ihre Position im Tierkreis ermitteln und dann die jeweilige Bedeutung kennenlernen. Die Interpretation dieser Horoskopfaktoren ist manchmal vom Sonnenzeichen des oder der Betreffenden abhängig, im Großen und Ganzen jedoch nicht. Entsprechend findet man in den verschiedenen Bänden dieser Buchreihe in der jeweiligen Beschreibung die gleichen oder ähnliche Aussagen.

Auf der anderen Seite ist es wichtig, zu verstehen, dass die Interpretation einer einzelnen Größe wie zum Beispiel Aszendent, Mond oder Sonne immer nur einen bestimmten Aspekt wiedergibt, der eventuell widersprüchlich zu dem sein kann, was über einen anderen Faktor gesagt ist. Die Kunst der Astrologie beruht aber gerade darauf, Verschiedenes, eventuell sogar sich Widersprechendes, miteinander zu verbinden bzw. gemäß der eigenen Intuition und Erfahrung zu gewichten.

Wie erfährt man nun, in welchem Tierkreiszeichen die weiteren Horoskopfaktoren stehen? Astrologen mussten früher tatsächlich den Himmel studieren, um herauszufinden, welche Position die wichtigen Gestirne einnahmen. Aber wie gesagt erstellten findige Köpfe schon bald Tabellen, sogenannte Ephemeriden, denen man den Lauf der Planeten entnehmen konnte. Seit der Erfindung und Verbreitung der Computertechnologie kann man nun auch auf diese Ephemeridenbücher verzichten. Man ersteht ein Astrologieprogramm, gibt Geburtstag, -zeit und -ort ein, und auf einen Klick erscheinen alle Angaben, die man braucht. Heute ist infolge der großen Verbreitung des Internets auch das eigene Astrologieprogramm überflüssig geworden. Im World Wide Web existieren Plattformen, auf denen sich ebenfalls ganz einfach die Planetenpositionen errechnen und darstellen lassen. Man kann zum Beispiel über die Homepage des Autors sämtliche Angaben über die exakte Position von Sonne, Mond, Aszendent und den weiteren Gestirnen in einem Horoskop kostenlos herunterladen. Die Adresse: www.bauer-astro.de.

Die Grafik auf Seite 94 zeigt das Horoskop eines berühmten Steinbockgeborenen, nämlich des amerikanischen Sängers, Musikers und Schauspielers Elvis Presley. Er wurde am 8. Januar 1935 in Tupelo/Mississippi (USA) geboren. Das Horoskop hält den Geburtsmoment grafisch fest. Die Sonne ☉ stand im Zeichen Steinbock ♑ (in der unteren linken Hälfte des Horoskops). Aber die Sonne ist nur eine Größe seines Horoskops. Man erkennt links den Aszendenten *AC*, der im Schützezeichen ♐ liegt. Der Mond ☽ (unten), befand sich bei seiner Geburt im Zeichen Fische ♓. Außerdem sind noch viele weitere Gestirne und wichtige Punkte im Horoskop enthalten. Ein ausführliches Horoskop berücksichtigt die Position aller Gestirne und des Aszendenten und kommt erst dann zu einer umfassenden und gründlichen Persönlichkeitsdiagnose.

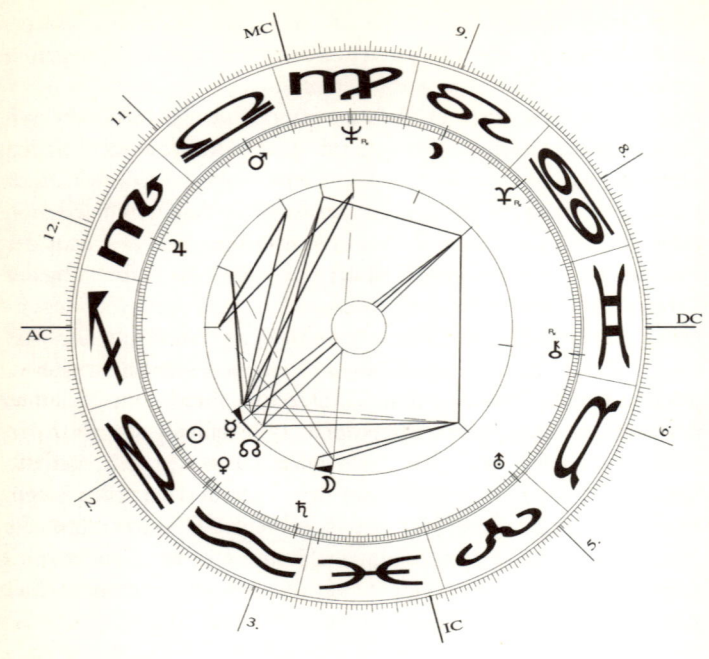

Der Aszendent – Die individuelle Note

Die Bedeutung des Aszendenten

Wir sprechen in diesem Buch vom Sonnenzeichen Steinbock, dies ist aber wie gesagt nur *ein* Aspekt einer Persönlichkeit. Die Astrologie kennt noch viele andere, wovon der Aszendent der wichtigste ist. Für die Bestimmung des Aszendenten muss man allerdings die genaue Geburtszeit kennen. Sie ist erfahrbar, weil sie auf dem Standesamt des Geburtsorts festgehalten wird. Wenn Sie also nicht die Zeit kennen, zu der Sie das Licht der Welt erblickt haben, können Sie dort anfragen und um Auskunft bitten.

Als ich vor über dreißig Jahren damit begann, Horoskope zu erstellen, war ich zunächst sehr erstaunt darüber, dass die Geburtszeit neben dem Geburtstag in den Büchern der Standesämter festgehalten wird. Der Geburtstag dient dem Staat neben anderen Angaben zur eindeutigen Identifizierung einer Person. Aber welchen Zweck erfüllt die Geburtszeit für die Bürokratie? Für mich liegt darin auch heute noch kein größerer Nutzen als dieser: Durch die schriftliche Fixierung der Geburtszeit liefern die Behörden der Astrologie die wichtigste Berechnungsgrundlage und ermöglichen so jedem Menschen einen Blick auf den ganz persönlichen, einzigartigen Anfang seines Lebens.

Der Aszendent symbolisiert die individuelle Note. Das Sonnen- oder Tierkreiszeichen Steinbock hat man ja gemeinsam mit allen Menschen, die zwischen dem 22. Dezember und dem 20. Januar geboren sind. Der Aszendent jedoch ergibt sich aus der ganz persönlichen Geburtszeit. Aber was bedeutet nun der Aszendent? Bekanntlich dreht sich die Erde in zirka 24 Stunden um ihre eigene Achse. Von der Erde aus gesehen, beschreibt die Sonne dabei aber einen Kreis um unseren Planeten. Dieser Kreis wird – ebenso wie beim scheinbaren Kreislauf der Sonne um die Erde innerhalb eines Jahres – in zwölf Abschnitte unterteilt: die zwölf Zeichen des Tierkreises. Entsprechend steigt am östlichen Horizont etwa alle zwei Stunden ein neues Tierkreiszeichen auf. Dasjenige, das zum Zeitpunkt einer Geburt (oder eines anderen wichtigen Ereignisses) gerade dort aufging, nennt man »Aszendent« (dieser Begriff ist abgeleitet vom lateinischen Verb *ascendere* = »aufsteigen«).

Die Deutung des Aszendenten ist auch dementsprechend: Zunächst einmal wollen die Anlagen (repräsentiert durch den Aszendenten) das Gleiche wie das Tierkreiszeichen am Himmel, nämlich »aufgehen«. Wenn jemand zum Beispiel Aszendent Widder »ist«, strebt die durch dieses Zeichen symbolisierte Kraft danach, im Leben des Menschen mit Aszendent Widder aufzugehen. Es versuchen sich also Widderkräfte zu verwirklichen. Allerdings sind mit einem bestimmten Aszendenten zwar bestimmte Muster und Energien vorgegeben. Aber es bleibt immer eine Freiheit in der Gestaltung. Je mehr es einem gelingt, sich vom Allgemeinen abzuheben, umso individueller und einmaliger wird man sein, und umso eher erfüllt man seine eigentliche Bestimmung, nämlich ein einmaliger und unverwechselbarer Mensch zu sein.

Ergänzen sich Aszendent und Tierkreiszeichen, dann fällt dies leicht. Zuweilen sind sie aber völlig entgegengesetzt. Entsprechend fällt es einem schwerer, seinen Aszendenten neben seinem Sternzeichen in sein Leben zu integrieren. Der Aszendent dient also einerseits dazu, uns eine individuelle und besondere Note zu verleihen. Darüber hinaus begleitet den Aszendenten ein Sehnen, sich in eine kosmische oder spirituelle Kraft zu verwandeln, »in den Himmel zu steigen«, wie ja auch das tatsächliche Aszendentenzeichen sich im Osten von der Erde erhebt und gen Himmel strebt.

Auf den folgenden Seiten finden sich die zentralen oder wichtigsten Eigenschaften der zwölf möglichen Aszendenten von Steinbockgeborenen.

Die exakte Aszendentenposition lässt sich wie gesagt über die Homepage des Autors herunterladen (www.bauer-astro.de).

Der Steinbock und seine Aszendenten

Aszendent Widder – Ein Krieger werden

Aszendentenstärken Direkt, spontan, dynamisch, durchsetzungsstark

Aszendentenschwächen Ungeduldig, launisch

Mit dem Aszendenten Widder kommt man auf die Welt, um ein Krieger zu werden. Dieses Wort bedarf einer besonderen Erklärung. Denn mit einem Krieger verbindet man gewöhnlich schreckliche Geschehnisse, schwerbewaffnete Männer (und Frauen), die – meist einem Befehl folgend – töten, foltern, vergewaltigen, enteignen, vertreiben, zerstören, vernichten. Das mögen durchaus auch unerlöste Anteile dieser Aszendentenenergie sein, sie haben aber mit einem bewussten und wissenden Umgang damit nichts zu tun. Der »Krieger« in unserem Sinne steht vielmehr für das Leben. Er verkörpert Initiative, Kraft, Lebendigkeit. Nichts, aber auch gar nichts verbindet ihn mit Zerstörung, Verletzung oder gar Tod. Im Gegenteil. Die höchste Vollendung als Krieger besteht darin, dass er alles aus dem Bewusstsein heraus tut, beim Punkt null zu beginnen. Nichts war schon einmal. Alles ist neu. Der Atem. Das Öffnen der Augen. Das Gehen. Menschen mit dem Aszendenten Widder werden ihr ganzes Leben lang immer wieder neu geboren. Alles, was ihnen widerfährt, zählt als Herausforderung.

Diese Menschen lernen aus Problemen, Schwierigkeiten und Behinderungen, so dass sie in Zukunft gewappnet sind. Auch die Angst werden sie mit der Zeit kennenlernen und wie ein Krieger an ihr wachsen. Angst gleicht einem Heer unsichtbarer Gegner. Man spürt nur, dass man bedrängt wird, eingeengt ist, nicht weiterkann. Aber hat man nicht schon bei seiner Geburt die Erfahrung gemacht, dass es immer weitergeht? Man darf nicht stehen bleiben. Wenn man nicht aufgibt, wird man immer stärker im Leben. Vielleicht muss man zuweilen nachgeben, sich aber sein Ziel immer vor Augen halten. Umwege sind denkbar und Pausen, doch den eigentlichen Weg wird man nie aus den Augen verlieren.

Mit diesem Aszendenten ist eine jugendliche Gestalt verbunden, und zudem sind so manche »wilden« Unternehmungen älteren Menschen oft nicht mehr möglich. Trotzdem sollten sie ihren Körper sorgfältig pflegen und im Rahmen des Möglichen ertüchtigen. Regelmäßige Gymnastik und eine gesunde Ernährung sind einfach unerlässlich. Noch wichtiger aber ist die geistige Beweglichkeit. Aszendent-Widder-Menschen haben in der Regel das Glück, im Alter fit im Kopf zu bleiben. Aber sie müssen ihren Geist auch immer wieder trainieren. Außerdem können sie den geistigen Alterungsprozess durch Nahrungsergänzungen (Ginkgo zum Beispiel) hinausschieben. Es geht im Alter auch darum, mehr und mehr für Inspirationen empfänglich zu werden. Sich ihnen zu öffnen bedeutet, an der Welt der Ideale, dem Sein, unmittelbar teilzuhaben.

Wenn der Tod irgendwann kommt, werden sie auch diesem Faktum als Krieger begegnen: Sie haben ihren letzten großen Kampf vor sich und stellen sich ihm – mutig, entschlossen, bereit.

Aszendenten-Check

Wie ergänzen sich Sonne und Aszendent? Das Sonnenzeichen Steinbock und das Aszendentenzeichen Widder sind widersprüchlich. Das Widderprinzip setzt auf Bewegung und Dynamik, das Steinbockprinzip auf Ruhe und Kontrolle. Man gerät daher immer wieder in ein Spannungsfeld zwischen Antrieb und Hemmung. Letztlich profitieren man aber davon, denn man erstarrt weder infolge zu großer Kontrolle, noch verpufft die Energie einfach.

Aszendent Stier – Ein Alchemist werden

Aszendentenstärken Solide, sachlich, praktisch, sinnlich, kreativ, schöpferisch
Aszendentenschwächen Stur, inflexibel

Die Bezeichnung »Alchemist« in diesem Zusammenhang stammt von einem Koch mit dem Aszendenten im Zeichen Stier, der – erst 22 Jahre alt – bereits Chef über fünf weitere Köche war und mir in einer Astrologiesitzung sagte: »Ich bin eigentlich ein Alchemist. Ich mache aus einfachen Zutaten (Zucker, Mehl, Eier, Orangensaft …) ein Gericht, an dem sogar die Götter ihre Freude hätten.« Natürlich lassen sich nicht nur einfache Lebensmittel in »Götterspeisen« transformieren. Genauso klappt es mit Häusern (Architekt), Wohnungseinrichtungen (Innenarchitekt), Pflanzen (Gärtner) und tausend anderen Aufgabenfeldern. Ich frage mich manchmal, ob die Fähigkeit mancher Menschen, ihr Geld mit Hilfe von Spekulation zu vermehren, nicht auch eine moderne

Form der Alchemie darstellt. Ob vielleicht Börsianer wie die Alchemisten im Mittelalter Beschwörungsformeln aussprechen, damit ihre Aktien steigen?

Alles lässt sich im Sinne der Alchemie in einen höheren Zustand transformieren. Es ist eine Frage des Bewusstseins. Wenn man sich einmal darüber klar ist, dass man diese Gabe besitzt, geht man anders durchs Leben, nämlich in der Absicht, zu verschönern, alles sinnlicher, angenehmer, vollendeter werden zu lassen. Dann blühen plötzlich Rosen in prächtigeren Farben, der Himmel bekommt ein tieferes Blau, und das Glas Wasser, das man gerade trinkt, schmeckt wie ein nie gekosteter Hochgenuss: Die eigenen Sinne zu verfeinern ist der erste Schritt eines Alchemisten – das Sehen, Hören, Riechen, Schmecken, Tasten. Dann folgt der zweite: die Welt draußen formen, sein Outfit, die Wohnung, das Büro. Am Anfang braucht ein Alchemist noch Zeiten des Rückzugs, um sich zu sammeln und seine eigene Sinnlichkeit abseits allen Treibens zu trainieren. Aber mit der Zeit wird die ganze Welt sein Experimentierraum, und sein »Unterricht« dauert 24 Stunden. Selbst seine Träume beginnen sich zu gestalten, bekommen intensivere Farben und erzählen von fernen Welten – dem Garten Eden oder dem Schlaraffenland.

Der große Erleuchtete Buddha war sowohl von der Sonne als auch vom Aszendenten her ein Stier. Es heißt, dass dort, wo er ging, die Vögel noch lieblicher sangen und die Blüten der Bäume noch intensiver dufteten. Auch Orpheus, einem anderen erleuchteten Wesen, kann man ruhig einen Stieraszendenten »andichten«, obwohl natürlich keine offiziellen Angaben über seine Geburt existieren. Dem Mythos zufolge sang er so vollendet, dass alles um ihn herum verstummte: die Vögel und die Insekten, sogar die Wellen des Meeres und der Wind. Wie ein Buddha, wie Orpheus, so sollen Menschen mit dem Aszendenten Stier durchs Leben gehen.

Im Alter schwindet so manche der Sinnesfreuden: Essen und Trinken haben meist nur noch nährende Funktion, der reine Sex reduziert sich auf ein bescheideneres Maß. Ausgleichend und die Sinne verfeinernd wirkt zum Beispiel die Beschäftigung mit Kunst, egal, ob man sich ihr nur betrachtend oder durch eigenes künstlerisches Tun widmet. Menschen mit dem Aszendenten im Zeichen Stier können jeden Ort, an dem sie leben, zum Garten Eden werden lassen.

Auch dem Tod begegnet ein Alchemist mit dem Mut, ihn zu erhöhen. Er stirbt nicht in Umnachtung, bewusstlos, verkrampft. Er nimmt die letzte große Aufgabe dieses Lebens an und schreitet anmutig hinüber in ein anderes.

Aszendenten-Check
Wie ergänzen sich Sonne und Aszendent? Das Sonnenzeichen Steinbock und das Aszendentenzeichen Stier ergänzen sich ausgezeichnet und resultieren in einem Menschen, in dessen Nähe alles besser wächst und gedeiht. Man ist realistisch, praktisch und genau. Zu Rechthaberei mag diese Kombination allerdings auch führen. Diesen Zug zu kennen wird dabei helfen, dem rechtzeitig gegenzusteuern.

Aszendent Zwillinge – Ein Kundschafter werden

Aszendentenstärken Gewandt, beredt, vielfältig, kommunikativ, verbindend
Aszendentenschwächen Zerstreut, unsicher

Wer unter dem Aszendenten Zwillinge auf die Welt kommt, ist immer irgendwie unterwegs – in Wirklichkeit oder in Gedanken. Er nimmt von hier etwas mit, trägt es nach dort, tauscht es mit etwas anderem aus und trägt das dann wieder mit sich fort. Dieser Aszendent macht zu einem Kundschafter, zu einem, der erforscht, entdeckt, ausspioniert, analysiert – und der sein Wissen dann weitergibt. Die Betroffenen behalten es nicht für sich, wenigstens nicht dauerhaft wie jemand mit dem Aszendenten Stier, der das, was er hat, behält und vermehrt. Die Bestimmung der Menschen mit Zwillingeaszendent lautet anders: Sie sind der Welt immer nur eine Zeitlang teilhaftig, verbinden sich, behalten, lassen wieder los.

Ein Kundschafter ist wissbegierig. Wo immer er sich aufhält, was immer er tut, er nimmt es mit all seinen Sinnen auf. Dennoch bleibt er in seinem Inneren neutral, er hält Distanz, er lässt sich nicht vereinnahmen. Er geht durchaus eine Beziehung ein. Er ist, was er tut, und ist es auch wieder nicht. Ein »Macher« und »Beobachter« zugleich. Insofern wird er auch immer irgendwie gespalten sein, doppelt – ein Zwillingswesen eben.

Menschen mit Zwillingeaszendent treten nicht als Krieger und Eroberer und auch nicht als Verteidiger und Beschützer auf. Sie sind neutral und friedlich. Ein Kundschafter sein bedeutet, die Kunst der Neutralität bei jeder Gelegenheit zu trainieren. Das heißt nicht, dass man keine Emotionen mehr haben soll. Aber man lernt zunehmend, sich von außen zu betrachten, sich selbst zu beobachten. Auf diese Weise identifiziert man sich immer weniger mit seinen oder den Gefühlen seiner Mitmenschen. Das bringt einem dann auch gelegentlich den Vorwurf der Oberflächlichkeit ein. Denn sich in allem wiederzufinden lässt einen an Tiefe verlieren. Damit muss man mit diesem Aszendenten leben. Kunde nehmen, Kunde weitertragen, Kunde bringen: Darin liegt die Bestimmung.

Zwar wird es um Menschen mit einem Zwillingeaszendenten auch im Alter nicht so schnell ruhig, weil sie sich vorausschauend mit genügend Kontakten »eindecken«. Dennoch hinterlassen die Jahre ihre Spuren. Dann kommt es darauf an, ob man weiß oder zumindest ahnt, dass alles, was man in der Außenwelt suchte, eigentlich schon immer in einem selbst war und dass »allein sein« auch »alleins sein« bedeutet. Dann bringt das Alter Schönheit und tiefe Befriedigung.

Aszendenten-Check

Wie ergänzen sich Sonne und Aszendent? Das Sonnenzeichen Steinbock und der Aszendent im Zeichen Zwillinge sind schwer zu vereinen. Um es ganz einfach auszudrücken: Der »Steinbockteil« will sich sammeln und konzentrieren, der »Zwillingepart« will sich zerstreuen und amüsieren. Im Negativen kann das wahnsinnig nerven, im Positiven aber auch sehr anregend sein.

Aszendent Krebs – Ein Träumer werden

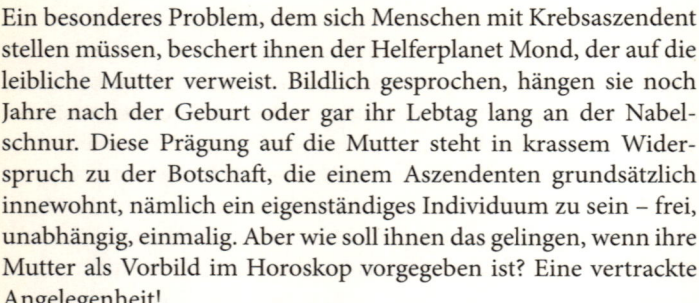

Aszendentenstärken Gefühlvoll, häuslich, sensibel, fürsorglich, mystisch, spirituell
Aszendentenschwächen Launisch, abhängig

Ein besonderes Problem, dem sich Menschen mit Krebsaszendent stellen müssen, beschert ihnen der Helferplanet Mond, der auf die leibliche Mutter verweist. Bildlich gesprochen, hängen sie noch Jahre nach der Geburt oder gar ihr Lebtag lang an der Nabelschnur. Diese Prägung auf die Mutter steht in krassem Widerspruch zu der Botschaft, die einem Aszendenten grundsätzlich innewohnt, nämlich ein eigenständiges Individuum zu sein – frei, unabhängig, einmalig. Aber wie soll ihnen das gelingen, wenn ihre Mutter als Vorbild im Horoskop vorgegeben ist? Eine vertrackte Angelegenheit!

Ich meine, dass sich Menschen mit dem Aszendenten im Zeichen Krebs ein eigenes, unabhängiges Verständnis der Mutterrolle (oder des Mutterbildes) erarbeiten sollten. Sie müssen sich gewissermaßen selbst »abnabeln«. Das wird schwierig und auch sehr schmerzvoll sein. Dabei darf es ihnen nicht darum gehen, besser als ihre Mutter zu werden. Sie müssen eine eigene »Mutter-Krebs-Qualität« entwickeln, schöpferisch sein und über die alten Muster hinaus einen Weg in die Eigenständigkeit finden.

Nur auf diese Weise lässt sich der Widerspruch lösen, der in dieser Konstellation liegt. In einer ewigen Antihaltung hängen zu bleiben (bloß keine Mutter sein) oder sich anzumaßen, die eigene Mutter zu überbieten, wie es oft bei Menschen mit einem Krebsaszendenten zu beobachten ist – meist sind es Töchter –, blockiert das Leben. Eine eigenständige Mutter zu sein heißt, auf den Grund des Wassers zu tauchen. Dort finden sie die nötigen Puzzlesteine, um das eigene Bild zu vollenden.

Menschen, die mit dem Krebsaszendenten geboren werden, haben besonders leicht Zugang zu einer Zwischenwelt, einem Bereich zwischen dem sogenannten Realen und dem Spirituellen. Sie tauchen immer wieder in diese Welt ein – ob im Schlaf oder in einem Tagtraum – und tanken Kraft und erhalten Eingebungen. Träume sind eine große Quelle der Wahrheit. Allerdings haben sie viel von ihrer heilenden und heiligen Kraft eingebüßt, seitdem die Wissenschaft sie physiologisch bzw. psychologisch zu erklären sucht. Dass Träume auch eine Verbindung zur göttlichen Welt bedeuten, blieb dabei scheinbar auf der Strecke. Besonders Menschen mit dem Aszendenten im Zeichen Krebs dürfen sich davon nicht beeinflussen lassen. Ein Träumer zu sein bedeutet, die Quelle allen Seins wieder ins Leben zu integrieren. Dann bekommt die reale Welt Spuren der anderen, wird intensiv, lebendig, schöpferisch. Man erlebt sie wie ein Künstler – ein Maler, Musiker, Dichter. Vor allem aber fließt Mitgefühl in das reale Leben ein. Denn in der spirituellen Welt existiert kein Ego, das meint, sich gegen andere Egos behaupten zu müssen. Alles ist mit allem in unendlicher Liebe verbunden. Ein Träumer zu sein bedeutet jedoch keineswegs, mit halbgeschlossenen Augen durch die Weltgeschichte zu wandeln. Im Gegenteil, die Verbindung zur Anderswelt lässt einen das Leben hier bewusster und intensiver wahrnehmen.

Wenn der Mensch mit dem Aszendenten Krebs einmal alt geworden ist und dem Tod begegnet, wird er ohne Zaudern hinübergehen in die Welt, die schon immer seine Heimat war.

Aszendenten-Check

Wie ergänzen sich Sonne und Aszendent? Das Sonnenzeichen Steinbock und der Aszendent Krebs liegen sich im Tierkreis genau gegenüber, sind daher einerseits extrem verschieden, ergänzen sich aber andererseits. Das Steinbocknaturell bringt Solidität und Sicherheit, symbolisch die Erde. Der »Krebsteil« bringt Wasser und damit Fruchtbarkeit.

Aszendent Löwe – Ein Glücksbringer werden

Aszendentenstärken Selbstbewusst, großzügig, sonnig, herzlich, schöpferisch

Aszendentenschwächen Stolz, träge

Wer unter dem Aszendenten Löwe das Licht der Welt erblickt, macht alle glücklich: Ein Königskind ist geboren, mögen die Verhältnisse unter dem Dach, das seine Wiege beherbergt, auch noch so ärmlich sein. Mit ihm zieht das Glück ein, und das bleibt im Grunde ein Leben lang so, wenn nicht widrige Umstände den natürlichen Charme dieser Menschen brechen. Auch Erwachsene umgibt eine besondere Ausstrahlung, eine »Grandezza«, die signalisiert: »Alle mal hersehen, jetzt komme ich!« Irgendwann hat man auch den entsprechenden Hofstaat (allesamt irgendwie besondere Typen) und in der Regel auch das nötige Kleingeld, um sich ein Dasein in Würde leisten zu können.

Aber es reicht nicht, sich sein Lebtag lang nur im Glanz dieses Sternzeichens zu sonnen. Mit dem Aszendenten ist einem auch der Auftrag in die Wiege gelegt, dem Leben Glanz, Freude und Fröhlichkeit zu verleihen und den Mitmenschen eben Glück zu bringen. Das ist eine schwierige Aufgabe, denn für das, was ein glückliches Dasein wirklich ausmacht, mangelt es in unseren Zeiten immer mehr an Verständnis. Nur wenige leben in solch einem Glück und verbreiten es. Wir reden nicht vom Lottogewinn oder einer steilen Karriere, sondern von dem Glück, das Fröhlichkeit in die Augen zaubert, Selbstgewissheit schafft, einen mit Zuversicht in die Zukunft blicken lässt und in diesem Vertrauen sorglos macht. Das ist ausgesprochen rar.

Muss man nun, um solch ein Glück verbreiten zu können, über materiellen Reichtum verfügen? Wenn ja, womit soll jemand, der arm wie die sprichwörtliche Kirchenmaus ist, seinem Leben Glanz verleihen? Nun, erstens ist ein Mensch mit Löweaszendent niemals so bedürftig; zweitens geht es nicht um das persönliche, sondern um das Leben schlechthin; und drittens kann man selbst unter den kargsten Bedingungen wie ein Sonnenkönig wirken.

Die Schönheit der Natur beschränkt sich ja nicht auf eine Rose oder Lotusblüte, wir erkennen sie genauso bei einem Vergissmeinnicht oder Gänseblümchen. Nichts kann einen also daran hindern, Glück zu verbreiten, ein Glücksbringer zu sein – außer man selbst. Wenn ein Mensch mit jenem wunderbaren Aszendenten die Welt nicht für »würdig« erachtet, dieses Füllhorn zu empfangen, versündigt er sich durch solche Hybris an seiner Geburt und seinem Aszendenten. Die Sonne wählt nicht aus, wem sie ihr Licht schenkt und wem nicht. Sie verbreitet ihr Licht und ihren Glanz nicht, um zu imponieren. Das hat sie nicht nötig. Auch diese Menschen müssen nicht um Anerkennung buhlen. Bedeutsamkeit haben sie allein schon durch ihre Geburt unter dem aufgehenden Löwezeichen. Sie brauchen sich nichts mehr zu beweisen.

Älter zu werden fällt nur denjenigen schwer, die sich ausschließlich in ihrem Glanz sonnen, ihn aber nicht verschenken. Wer sich dem Leben hingibt, ergibt sich auch mit Leichtigkeit dem Tod.

Aszendenten-Check

Wie ergänzen sich Sonne und Aszendent? Das Sonnenzeichen Steinbock und das Aszendentenzeichen Löwe haben Schwierigkeiten, neben- und miteinander zu wirken. Der »Steinbockteil« führt zu Kontrolle und Genauigkeit, dem Naturell des Löwen entspricht eher das Lust-und-Laune-Prinzip. Natürlich kann aus diesem Gegensatz auch ein fruchtbares Mit- oder zumindest Nebeneinander entstehen.

Aszendent Jungfrau – Ein Prophet werden

Aszendentenstärken Zuverlässig, logisch, nachdenklich, planend, vorausschauend, visionär

Aszendentenschwächen Pessimistisch, kritisch

Alles im Kosmos folgt einer Ordnung, entsteht, wächst, vergeht und fließt in einen neuen Zyklus ein. Menschen mit dem Aszendenten Jungfrau sind mit dieser Ordnung in spezieller Weise verbunden. Solche Nähe macht sie empfänglich für besondere Einsichten und Visionen und schenkt ihnen die Fähigkeit, Erfahrungen oder Botschaften – ähnlich dem Götterboten Hermes/Merkur – auf die Erde und unter ihre Mitmenschen zu bringen. Auch wenn sie sich dessen meist selbst nicht bewusst sind, sagen und tun sie zuweilen Dinge, die sich nur so erklären lassen. Menschen mit Aszendent Jungfrau warnen zum Beispiel vor Gefahren oder benennen Risiken. Das führt manchmal zu einer ausgesprochenen Medialität. Ich kenne viele Medien, Kartenleger oder Astrologen mit Jungfrauaszendent. Bei ihnen paart sich das Wissen um eine natürliche Ordnung mit höheren Eingebungen oder Inspirationen. Sie erkennen die Gesetze des physischen Daseins, wissen also, wie die »Räder des Lebens« ineinandergreifen, und bereichern diese darüber hinaus mit Ideen, die ihnen zufallen. Auch viele Psychologen, Therapeuten, Lehrer, Sozialarbeiter, Ärzte und Krankenpfleger mit dieser astrologischen Kombination bestätigen, dass sie jenseits von Wissen und Erfahrung über Quellen verfügen, die ihnen bei ihrer Arbeit von unschätzbarem Nutzen sind.

Grundsätzlich verfügt jeder Mensch mit Aszendent Jungfrau über einen Zugang und »bedient« damit sich selbst und seine Mitmenschen, erteilt Ratschläge, verweist auf Gefahren und Risiken, spricht Warnungen aus. Wenn man allerdings den Himmel als Ziel aus den Augen verliert und sich nur noch am irdischen Alltag orientiert, läuft man Gefahr, alles und jeden zu »benoten«. Daraus wird dann schnell Schwarzmalerei und Defätismus. Es gibt Menschen mit diesem Aszendenten, die die Angewohnheit haben, jeden Impuls mit dem typischen Aszendent-Jungfrau-Satz »Das klapp sowieso nie!« im Keim zu ersticken. Dass sie dann oft auch noch recht behalten, macht das Ganze nur noch schlimmer.

Fraglos befähigt dieser Aszendent zum »zweiten Gesicht«. Man vermag Phänomene zu »sehen«, die anderen verborgen bleiben, und besitzt »magische Flügel«, die in die Zukunft tragen. Dieses Wissen aber gilt es behutsam und verantwortlich einzusetzen. Sonst richtet es mehr Unheil an, als es Gutes bringt.

Im Alter wird die Kenntnis dessen, was auf die Jungfrauaszendenten zukommt, immer größer, bis sie wissen, was sie erwartet, wenn sie einmal hinübergegangen sind in eine neues Leben.

Aszendenten-Check

Wie ergänzen sich Sonne und Aszendent? Das Sonnenzeichen Steinbock und das Aszendentenzeichen Jungfrau gehören beide dem Erdelement an und ergänzen sich daher bestens: Sie resultieren in einem praktischen, realistischen Menschen, der sein Augenmerk auf die Dinge richtet, die sein Leben bequem und sicher machen. Was dabei zu kurz kommen könnte, wenn man nicht von sich aus darauf achtet, sind Gefühl und Intuition, Bereiche, die sich nicht so ohne weiteres »erschaffen« lassen. Man sollte daher Kontakt zu den »Wassermenschen« Krebs, Skorpion und Fische halten.

Aszendent Waage – Die Liebe finden

Aszendentenstärken Anmutig, charmant, stilvoll, liebesfähig
Aszendentenschwächen Abhängig, unecht

Menschen mit dem Aszendenten Waage sind die personifizierte Harmonie und verbreiten eine friedliche, angenehme Stimmung. Das Sein erleben sie dual, das heißt stets aus doppelter Perspektive. Bezieht jemand eine bestimmte Position, dann übernehmen sie beinah automatisch die entgegengesetzte. Dazu benötigen sie noch nicht mal ein Gegenüber. Auch in sich selbst geht es stetig hin und her, als gäbe es dort zwei sich widersprechende Parts und

Perspektiven. So wie sie die jeweilige Gegenposition vertreten, können sie aber auch dann, wenn derartige Polaritäten schon gegeben sind, den gemeinsamen Nenner finden. Sie verbinden, vermitteln, gleichen aus, führen zusammen.

Menschen mit Waageaszendent werden in solche Familien und Ehen hineingeboren, in denen der Hausfrieden schiefhängt. Wenn sich ein Paar streitet oder gar an eine Trennung denkt, kommt ein Kind mit Aszendent Waage, um in einem vielleicht letzten Versuch die Ehe zu kitten. Solche Kinder sind regelrechte Genies darin, bei Streithähnen Frieden zu stiften. Sie bringen einen »Sternenstaub der Versöhnung« auf die Erde, mit dem sich eine Trennung oft genug hinausschieben lässt. Diese Gabe haben auch Menschen, die unter dem Sternzeichen Waage geboren werden. Sie sind sogar noch erfolgreicher darin, Ehen zu retten. Wer mit dem Aszendent Waage geboren wird, so habe ich mehrfach festgestellt, schiebt die Trennung eher auf, als dass er sie für immer verhindern könnte.

Die Bedeutung des Aszendenten liegt in der Betonung der Eigenheit oder Persönlichkeit, die einen Menschen ausmacht. Er ist Motor für das Bestreben, sich aus dem Sog der Familie und des Clans zu befreien, um ein eigenes Leben zu führen. Darum muss er irgendwann sein »Nest« verlassen und sein verbindendes Wirken aufgeben. Dennoch erleben Menschen mit dem Aszendenten Waage es dann doch als eine innere Niederlage, wenn sich ihre Eltern trennen. Sich die Logik klarzumachen, die dem Aszendenten innewohnt, vermag dann durchaus eine Hilfe zu sein.

Auch im Erwachsenenalter bleiben Menschen mit Waageaszendent der Liebe verpflichtet. Sie verschenken sie großzügig, wenn sie sie gefunden haben, und sind voller Inbrunst auf der Suche nach ihr, wenn sie ihnen gerade »entwischt« ist. Eigentlich jedoch ist ihr ganzes Leben ein Warten auf die ganz große Liebe. Warum bloß, wird man fragen, finden Menschen, die für die Liebe geboren sind, diesen einen und einzigen Partner so selten?

Die Antwort lautet: Es gibt ihn so nicht. Ein Partner, der Liebe pur ausstrahlt, nach Liebe riecht, nach Liebe schmeckt, ein Partner voller innerer und äußerer Schönheit, der göttlich lieben, sich geistreich unterhalten, sich vollständig hingeben kann und dennoch immer er selbst bleibt: Wo, bitte, findet sich solch ein Mann, solch eine Frau? Es ist der enorme Anspruch, der Menschen mit diesem Aszendenten im Wege steht. Er ist schlicht und einfach *zu* hoch. Die große Liebe der Waageaszendenten findet keine Erfüllung bei einem Wesen aus Fleisch und Blut. Erst wenn ihre Liebe zum Geschenk an das Leben wird – an ein Gedicht, an Musik, einen Baum –, fühlen sie sich am Ziel. Dann können sie jemanden auch aus ganzem Herzen lieben, weil diese Liebe nicht mehr so groß sein muss.

Vor allem im Alter strahlen Menschen mit Aszendent Waage eine Liebe aus, die auf niemand Bestimmtes mehr ausgerichtet ist und dennoch jedem zukommt. Dann wird auch irgendwann der Tod ein Teil des Lebens und verbindet sich mit ihm.

Aszendenten-Check
Wie ergänzen sich Sonne und Aszendent? Das Sonnenzeichen Steinbock und das Aszendentenzeichen Waage sind so verschieden wie »Erde« und »Luft«, die jeweils entsprechenden Elemente. Aber daraus kann auch etwas Neues entstehen, nämlich das Bestreben, seinem Leben mehr Offenheit, Liebe und Kreativität zu verleihen.

Aszendent Skorpion – Unsterblich werden
Aszendentenstärken Furchtlos, unergründlich, bewahrend, leidenschaftlich
Aszendentenschwächen Misstrauisch, starr

Von dem großen Propheten Mohammed stammt der Satz: »Stirb, bevor du stirbst.« Und der Mystiker Jakob Böhme hat gesagt: »Wer nicht stirbt, bevor er stirbt, der verdirbt, wenn er stirbt!« So oder ähnlich lautet auch der Leib-und-Magen-Spruch von Menschen, die unter dem aufgehenden Skorpionzeichen geboren wurden.

Das bedeutet in gar keiner Weise, dass sie real gefährdeter wären als andere. Im Gegenteil, Menschen mit dem Skorpion als Aszendent werden älter als die meisten und scheinen dabei noch robuster, also gesünder zu bleiben als ihre Zeitgenossen. Es geht auch beileibe nicht immer gleich um Leben und Tod. Diese beiden Wörter stehen nur symbolisch für das duale Lebensspiel, dem alles folgt: Kommen und Gehen, Begegnen und Trennen, Halten und Loslassen, Tag und Nacht, Plus und Minus. Jeder Mensch hat sich dieser Dualität zu stellen. Aber wer unter dem aufsteigenden Skorpionzeichen geboren wurde, ist ihr besonders ausgeliefert. Er muss in diesem »Fach« seinen Meister machen.

Ein wichtiger »Prüfungsstoff« auf dem Weg dorthin lautet, dem Schein zu misstrauen. Schon als Kinder entwickeln unter diesem Zeichen Geborene einen Blick für alles Falsche, Seichte und Aufgesetzte und schneiden notfalls tief ins »Fleisch«, wenn sie einen faulen Herd vermuten. Wozu? Weil Schwäche, Falschheit und Unaufrichtigkeit keinen Bestand haben vor dem Tod. Nur echte und starke »Materialien« können der Vergänglichkeit trotzen. Das bezieht sich auch auf ihre Beziehungen. Jeden potenziellen Partner, dem sie begegnen, unterziehen diese Aszendenten bewusst oder unbewusst einem sofortigen Check, um herauszufinden, ob der andere ihrem Wunschpartner entspricht, ob sie mit ihm – symbolisch gesagt – »dem Tod trotzen« können.

Kinder gehören natürlich zum Lebensskript dieser Menschen. Sie stehen sogar ganz oben in der Karmaliste. Von hundert Skorpionaszendenten bekommen 99 mindestens ein Kind – weil Kinder die sicherste Waffe gegen den Tod sind. In ihnen lebt es doch weiter, das Blut, das Erbe, der Name, die Erinnerung. Dass diese Regel nicht für jeden mit Aszendent Skorpion zutrifft, liegt lediglich daran, dass ein Horoskop eben nicht nur aus dem Aszendenten besteht.

Der Aszendent Skorpion verbindet ebenso mit den Ahnen. Es fällt einem daher immer auch die Aufgabe zu, sich um die Vergangenheit zu kümmern, sie in Ehren zu halten und sie – wenn nötig – in ein anderes Licht zu rücken, um (Karma-)Schulden einzulösen.

Aber es existiert auch ein anderer Weg der Unsterblichkeit. Ich weiß von Menschen mit diesem Aszendenten, die keinerlei Angst mehr vor dem Leben haben und damit auch nicht vor dem Tod. Sie wissen, dass es immer weitergeht. Sie nehmen jeden Moment ihres Daseins als das Einzige, was zählt. Insofern sind sie unsterblich und ewig geworden. Diese Gnade erwächst aus der Hingabe an das Leben von Moment zu Moment, wie es im Aszendenten Skorpion angelegt ist. Wenn sich diese Energie aufrichtet, nach oben steigt, wird sie frei von jeglicher Schwere. Die Astrologie schuf dafür ein wunderbares Bild: Sie erhob den erlösten Skorpion zum weisen Adler. Befreit aus der Enge des stacheligen Skorpionpanzers entweicht dieser Vogel und hebt sich in den Himmel der Unendlichkeit.

Von Moment zu Moment leben bedeutet aber auch, jeden Augenblick loszulassen – auch dann, wenn es dereinst hinübergeht in eine andere Welt.

Aszendenten-Check
Wie ergänzen sich Sonne und Aszendent? Das Sonnen- und das Aszendentenzeichen ergänzen sich prima, ja, sie unterstützen sich regelrecht. Denn der »Steinbockteil« bringt Solidität und Sicherheit, symbolisch die Erde. Der Skorpion wiederum steht für das Element Wasser, bringt also Gefühl, Tiefe und Fruchtbarkeit. Sinnbildlich gesprochen, kann die Erde des Steinbocks blühen und Früchte tragen.

Aszendent Schütze – Seelenheiler werden

Aszendentenstärken Optimistisch, aufgeschlossen, mitreißend, jovial, beseelend
Aszendentenschwächen Unrealistisch, leichtgläubig

Eine Seele, die sich inkarniert, während sich im Osten das Tierkreiszeichen Schütze in den Himmel schiebt, wird immer von Trost und Hoffnung begleitet. Wer unter diesem Aszendenten geboren wird, dem haften wundersame Fähigkeiten an: Er vermag Wunden zu heilen, die die Zeit geschlagen hat, und kann – Engeln oder kleinen Göttern gleich – dem Schicksal Schönheit und Würde verleihen.

Noch bei jedem Menschen mit dieser Konstellation, der in meine Praxis kam, gab es in der Vergangenheit ein Unglück, das nach menschlichem Ermessen nicht hätte geschehen müssen. Angehörige starben beispielsweise bei einem unnötigen Einsatz im Krieg oder wegen fehlender oder falscher medizinischer Hilfe. Solche Tragödien werden in den Familien nicht ad acta gelegt, sondern an spätere Kinder weitergegeben, die dann mit einem Aszendenten Schütze auf die Welt kommen. Diese nehmen sich auf ihre Weise des »Versagens« vergangener Zeiten an und versuchen, das Schicksal von damals durch ihre Lebensführung zu verändern. Sie wollen verhindern, dass es noch einmal so schrecklich zuschlägt. Niemand bittet diese Menschen um Hilfe oder gar um Vergeltung. Nur die wenigsten von ihnen werden sich jemals bewusst darüber, was sie eigentlich tun. Und dennoch macht sich ein Anteil in ihnen von Kindesbeinen an auf den Weg, in das Schicksal einzugreifen. Sie kommen auf die Welt, öffnen die Augen und würden, könnten sie sprechen, sagen: »Jetzt komme ich und vertreibe eure Sorgen und bringe Hoffnung. Jetzt wird alles gut.«

Menschen mit diesem Aszendenten sind häufig noch mit achtzig fit und treiben gar Sport. Sie bleiben auch im Kopf rege. Zuweilen fällt ihnen die große Gnade zu, bewusst und klaren Geistes die Schwelle des Todes zu übertreten – wissend, dass dies nicht das Ende ist.

Aszendenten-Check

Wie ergänzen sich Sonne und Aszendent? Die Sonne im Zeichen Steinbock und der Aszendent im Zeichen Schütze fördern sowohl einen gesunden Menschenverstand als auch Inspiration und Idealismus. Aber diese Kombination verlangt Ziele, die begeistern, und Menschen, die sich begeistern lassen. Zuweilen gerät man in einen Konflikt zwischen der erdverbundenen und der ideellen Seite.

Aszendent Steinbock – Wahrhaftig werden
Aszendentenstärken Sachlich, objektiv, gerecht, zäh, erfahren
Aszendentenschwächen Hart, kalt

Das Sternzeichen Steinbock regiert auf der nördlichen Halbkugel der Erde die kalte Jahreszeit. Daher begleitet auch jeden, der unter diesem Aszendenten auf die Welt kommt, ein Hauch winterlicher Stimmung – obwohl ihre Geburt schon in das Ende des Winters fällt. Damit verbunden ist eine große Widerstandsfähigkeit, auch wenn die nicht immer gleich vom ersten Atemzug an erkennbar ist. Menschen mit Steinbockaszendent kommen sogar öfter zart besaitet, zuweilen sogar mit einer Schwäche auf die Welt. Aber das Leben konfrontiert sie von Anfang an mit Härtetests nach dem Motto »Gelobt sei, was hart macht« bzw. »Du schaffst es, oder du hast hier nichts verloren«. Dieser rauhe Empfang verfolgt nur den einen Zweck: Widerstandskraft zu wecken, abzuhärten und einzustimmen auf ein Leben, das viel von einem verlangt. Das Neugeborene bekommt aber auch bedeutsame Unterstützung: Dieser Mensch wird Gipfel stürmen. Etwas Besonderes leisten. Ruhm und Ehren erlangen. Er wird kein Schwächling werden, keine »Schande« bringen, kein x-beliebiges Rädchen im Getriebe des Lebens sein. Wenn ein Kind mit Aszendent Steinbock das Licht der Welt erblickt, überkommen Familie und Sippe großer Stolz. Aber es zieht zugleich Kühle ein. Diese Kinder werden weder Wärme noch Gemütlichkeit verbreiten. Mit ihnen kann man auch nicht stundenlang zärtlich schmusen. Lässt man mal fünf gerade sein, fühlt man sich in ihrer Nähe sogar ein wenig schuldig.

Später sind sich Menschen mit Aszendent Steinbock ihrer selbst sicher und leben nach festen Prinzipien und Regeln. Durch ihre Klarheit gehen sie ihrem Umfeld oft als Beispiel voran, geben Orientierung und stehen mit gutem Rat bereit. Sie beeindrucken vor allem durch ihre Standfestigkeit, weswegen sie in Notsituationen gern aufgesucht werden. Ihre Geradlinigkeit und Sachlichkeit scheinen sie unanfechtbar zu machen. Und doch können gerade diese Eigenschaften sie ins Schleudern bringen. Denn wenn man zu sehr an der Materie haftet, wird man mit der Zeit hart und spröde.

Falls man meint, die Bestimmung bestehe ausschließlich darin, sich gegen die Wogen des Lebens zu stemmen, um erfolgreich zu sein, nimmt mit fortschreitendem Alter der Körper eine verspannte Haltung ein. Vor allem Rücken und Knie sind davon betroffen. Wenn man hingegen sein Handeln auf der Erde als vorübergehend betrachtet und die Ausrichtung nach oben nicht verliert, erfährt man durch kosmische Fürsorge den Trost, den man für sein hartes Dasein braucht. Vor allem aber erfährt man sein Leben als getragen von Sinn und Bestimmung. Von solchen Menschen geht dann tatsächlich ein inneres Leuchten aus, das anderen Kraft und Sicherheit verleiht.

Im Alter wird alles leicht. Die Unbeschwertheit vermischt sich mit Weisheit und schenkt den Betreffenden glückliche Jahre, so dass sie, kommt dereinst der Tod, leichten Fußes in die andere Welt hinübergehen können.

Aszendenten-Check

Wie ergänzen sich Sonne und Aszendent? Beim »doppelten Steinbock« kommt es darauf an, ob man vor oder nach Sonnenaufgang geboren wurde. Man sollte sich daher ein sogenanntes Radixhoroskop erstellen lassen, denn daran lässt sich diese Frage entscheiden. Wurde man vor oder genau bei Sonnenaufgang geboren, steht die Sonne im ersten Haus. Dann ist man ein »Paradesteinbock«: solide, sinnlich, praktisch und erdverbunden. All das, was über Steinbockgeborene im ersten Teil des Buches geschrieben wurde, trifft in besonderem Maße zu. Was den Beruf anbelangt, sollte man versuchen, eine Führungsfunktion zu übernehmen.

Eine Geburt nach Sonnenaufgang hingegen führt eher zu einem nachdenklichen, sensiblen Menschen, der es nicht leicht hat, seine Steinbocknatur zu realisieren. Man verfügt dafür über besondere mentale Begabungen und ist seiner Zeit häufig voraus. Durch unkonventionelles und schöpferisches Denken lassen sich neue (berufliche) Wege einschlagen.

Aszendent Wassermann – Einmalig werden

Aszendentenstärken Human, frei, unkonventionell, erfinderisch, individualistisch

Aszendentenschwächen Exzentrisch, nervös

Ein Mensch, der auf die Welt kommt, während am östlichen Horizont das Sternzeichen Wassermann aufgeht, ist voller Rätsel: Wer ist er? Woher stammt er? In aller Regel gleicht er weder der Mutter noch dem Vater, so dass zumindest bei Letzterem früh Zweifel an seiner Vaterschaft aufsteigen. Aber auch die Mutter blickt skeptisch auf ihr Kind und fragt sich im Stillen, ob es womöglich nach der Geburt vertauscht wurde, so wenig ähnelt es ihr oder ihrem Mann. Zunächst verwirren äußerliche Merkmale wie Nase, Augen und Haarfarbe. Später kommen Irritationen über sein Wesen und sein Verhalten dazu. Beinah befremdlicher ist jedoch die Tatsache, dass der Nachwuchs sein Anderssein anscheinend auch noch kultiviert. Er widersetzt sich allen Erwartungen und wehrt sich vehement dagegen, in irgendein Schema gepresst zu werden.

Was Menschen mit einem Wassermannaszendenten nicht ausstehen können, sind Gesetze und Regeln a priori. Sie hassen alles, was so ist, weil es so ist oder so zu sein hat. Für sie zählen Einsicht, Vernunft und Verstehen. Man könnte auch sagen, sie folgen einer Moral, die schon vor ihrer Geburt in ihr Hirn gepflanzt wurde.

Menschen mit Wassermannaszendent stehen von Kindheit an mit Autoritäten auf dem Kriegsfuß. Heftige Auseinandersetzungen während der Pubertät bleiben bei diesem ausgeprägt individualistischen Charakter kaum aus. Dass es solche Kinder früh aus dem Haus zieht, ist nur konsequent. Man lasse sie gehen. Sie finden ihren Weg hinaus – und auch wieder einen zurück.

Im Erwachsenenalter kommen auch diese lebhaften Wesen etwas zur Ruhe. Sie dürfen aufatmen. Allerdings sollten sie sich tunlichst ersparen, in einem allzu autoritären und hierarchisch gegliederten Umfeld zu arbeiten und zu leben. Das klappt mit diesem Aszendenten nicht. Passend sind Berufe mit kreativem Potenzial und möglichst offenen Arbeitszeiten. Vierzehn Stunden als Beleuchter beim Film, wovon nur acht Stunden bezahlt werden, machen zufriedener denn verbriefte acht Stunden als Beamter auf Lebenszeit. Menschen mit Aszendent Wassermann werden auch aus einem ersten Kuss nie gleich ein »Immer und ewig« machen. Sie sind ausgesprochen freiheitsliebende Wesen, die sich erst dann binden wollen, wenn sie viel Erfahrung gesammelt haben.

Das Alter überrascht: Sofern sie ihre Individualität und Besonderheit gelebt haben, erwartet sie ein vergnüglicher Lebensabend, an dem sie ihrem Bedürfnis nach Freiheit und Unabhängigkeit unvermindert nachgehen können. Haben sie sich jedoch diesen Drang »verkniffen«, können sie unter Umständen absurde Gewohnheiten entwickeln. Kommt dann der Tod, ist ihre Seele neugierig und gespannt, was dahinter beginnt.

Aszendenten-Check
Wie ergänzen sich Sonne und Aszendent? Das Sonnenzeichen Steinbock und das Aszendentenzeichen Wassermann sind schwer miteinander zu vereinbaren. Der »Steinbockteil« fördert eher Konformismus, das Wassermannnaturell wiederum eher eine »Anti«-Haltung. Dieser Widerspruch kann wahnsinnig nervig, aber – bei genügend Kompromissbereitschaft und innerer Aufgeschlossenheit – auch sehr kreativ und anregend sein.

Aszendent Fische – Ein Mystiker werden

Aszendentenstärken Geheimnisvoll, intuitiv, sensibel, mitfühlend, mystisch
Aszendentenschwächen Unsicher, unrealistisch

»Tat twam asi«: Dieser Satz entstammt der indischen Philosophie und besagt, dass Objekt und Subjekt, Ich und Du, nicht getrennt, sondern eins sind. Der große Philosoph Arthur Schopenhauer (1788–1860) bezieht sich auf diesen Satz, wenn er über das Mitleid oder Mitgefühl philosophiert. Er sieht die metaphysische Grundlage des Mitgefühls darin, dass wir im Grunde alle eins sind. Wir selbst sind es also, die im anderen leiden. Und wir helfen daher der eigenen Person, wenn wir praktisches Mitleid üben.

Tiere haben kein Mitgefühl oder höchstens Spuren davon. Kleinkinder können unendlich grausam sein und zeigen in aller Regel lange nichts von diesem Mitleiden, das Heranwachsende und Erwachsene zuweilen überfällt. Menschen mit dem Aszendenten Fische sind besonders davon betroffen. Ihr Herz krampft sich zusammen, wenn sie an einem Bettler vorbeigehen. Es kann ihnen die Tränen in die Augen treiben, wenn sie andere leiden sehen. Wann immer sie jemand braucht, sind sie zur Stelle. Selbstverständlich. Sich ständig ausnutzen zu lassen geht natürlich auch nicht. Manche Menschen mit Fischeaszendent verzweifeln an ihrer Empathie, weil sie von dem, was sie geben, nie etwas zurückerhalten. Es kommt sogar nicht selten vor, dass jemand mit diesem Aszendenten regelrecht hart und abweisend wird. Aber das ist nur ein Schutz gegen den weichen Kern und schadet letztlich dem Karma. Kinder mit Fischeaszendent sind zarte, sensible, sehr »durchlässige« Wesen, die die Gefühle anderer unmittelbar aufnehmen. Umgekehrt erkennt man sofort, wie es ihnen geht. Sind sie verstimmt, leiden sie, und zwar still und leise. Meist ist die Ursache ihres Kummers die Familie, für deren Schwierigkeiten sie sich »zuständig« fühlen. Die Pubertät kann schrecklich sein. Mit allen Mitteln wird um Anerkennung und Liebe gerungen, und man erliegt doch immer wieder dem »Wasser«, verliert sich und geht unter. Glück hat, wer in seiner Familie mit Toleranz und Verständnis aufwächst. Das Unglück wiederum häuft sich zu einem Berg, wenn einem auch noch die Eltern vorwerfen, nicht so zu funktionieren wie andere. Das setzt sich im Erwachsenenalter fort. Nur sind es jetzt Chefs und Kollegen, von denen man abhängig ist. Menschen mit Fischeaszendent werden es sicher leichter haben, wenn sie in künstlerischen oder sozialen Bereichen arbeiten können. Dennoch sind es letztlich die Mitmenschen, die einem das Leben leichter oder schwerer machen, egal, ob man Krankenschwester oder Verkäuferin in einem Supermarkt ist.

Das Alter bringt hier die große Erleichterung. Dann endlich können die Betreffenden loslassen und müssen niemandem mehr was beweisen. Bis dahin haben sie dann auch längst herausgefunden, dass Alleinsein nicht Einsamkeit bedeutet, sondern sich dabei viel eher das Gefühl einstellt, »all-eins« zu sein. Das Loslassen schafft zudem Raum für neue Interessen oder versteckte Fähigkeiten. Vielleicht ergibt sich ein künstlerisches Hobby. Ich kenne Frauen, die noch mit siebzig Astrologie oder alternative Heilverfahren studieren.

Je älter sie werden, umso stiller und zurückgezogener leben Menschen mit diesem Aszendenten – vorausgesetzt, sie sind im Frieden mit ihrem Karma. So können sie dann auch irgendwann auf dem Strom des Lebens hinübertreiben in die Anderswelt.

Aszendenten-Check
Wie ergänzen sich Sonne und Aszendent? Das Sonnenzeichen Steinbock und das Aszendentenzeichen Fische ergänzen, ja unterstützen sich regelrecht. Der »Fischeteil« bringt Wasser und damit Fruchtbarkeit und ergänzt die nüchterne Art des Steinbocks durch Tiefe und Intuition. Der »Steinbockpart« sorgt für Vernunft und eine realistische Sicht der Dinge.

Der Mond – Die Welt der Gefühle

Die Welt, die monden ist
Vergiss, vergiss, und lass uns jetzt nur dies
erleben, wie die Sterne durch geklärten
Nachthimmel dringen, wie der Mond die Gärten
voll übersteigt. Wir fühlten längst schon, wie's
spiegelnder wird im Dunkeln, wie ein Schein
entsteht, ein weißer Schatten in dem Glanz
der Dunkelheit. Nun aber lass uns ganz
hinübertreten in die Welt hinein, die monden ist.
Rainer Maria Rilke (1875–1926)

Die Bedeutung des Mondes

In einem Schöpfungsmythos heißt es, der Mond sei ein Kind der Erde. Ein anderer beschreibt ihn als Teil unseres Planeten, den dieser aus sich herausgerissen und in den Himmel geschleudert habe, um damit Raum für das Wasser der großen Ozeane zu schaffen. Und dieses Wasser brachte der Erde Fruchtbarkeit. Zu letzterer Geschichte würde passen, dass das Volumen des Mondes, großzügig bemessen, etwa so groß ist wie der Raum, den alle Meere zusammen einnehmen.

Unter den Gestirnen am nächtlichen Himmel ist der Mond uns am nächsten und am vertrautesten. Er nimmt der Nacht ihre tiefe Dunkelheit und schenkt damit Trost und Hoffnung. Er ist uns so vertraut, dass wir in ihm menschliche Umrisse zu erkennen meinen: Seine Schatten bilden ein Gesicht, wir sehen eine alte Frau oder den Mann im Mond mit einem Reisigbündel auf dem Rücken. Er ist Gegenstand von Traumwelten. Wir besingen ihn in Gedichten und kraxeln mit Münchhausen an der Bohne zu ihm hoch oder umkreisen ihn mit Jules Verne.

Blicken wir zum Mond, erfahren wir Wandel und Veränderung: Täglich ist er ein Stück größer oder kleiner und geht früher oder später auf und unter. Manchmal ist er überhaupt nicht zu sehen, und dann wieder scheint er so hell, dass die Nacht fast zum Tag wird. Nimmt er zu, taucht er schon am Nachmittag als bleiches, fast durchsichtig erscheinendes Gebilde am Himmel auf, das von Stunde zu Stunde kräftiger wird, bis es sich hellweiß vom blauen Himmel abhebt. Nimmt er ab, bleibt er noch lange am Tageshimmel wie ein Phantom, das immer blasser und formloser wird, um sich schließlich wie ein Wolkengespinst in nichts aufzulösen. Das Geheimnisvolle, das Veränderliche, das Tröstende und das Ängstigende, das sind die unmittelbaren Begleiter des Mondes.

Als Gegenspieler zur brennenden Sonne bringt der Mond erfrischende Kühle. Und das ist eine wichtige Qualität. Vor allem in der südlichen Hemisphäre, besonders in den unendlichen Weiten der Wüsten, galt der Mond schon immer als Manifestation von Fruchtbarkeit, und das einfach deswegen, weil während eines Großteils des Jahres allein die Nacht die Kühle bringt, die Mensch und Natur benötigen, um zu leben und zu überleben. Die sich füllende und wieder leerende Schale am Himmel ist dort ein Symbol für Quelle und Wasser und damit für die wichtigsten »Schätze« der Wüste. Dass ein Land wie Tunesien, dessen Gebiet sich zu einem großen Teil über die Sahara erstreckt, den Mond in seinem Wappen trägt und ihm damit ein überragendes Denkmal setzt, ist weder ein Wunder noch ein Zufall.

Vom Wasser und Fruchtbarkeit bringenden Mond ist es nur ein kleiner Schritt zum größten Mysterium des Lebens, nämlich zu Schwangerschaft und Geburt. Die Astrologie verbindet den Mond mit dem Urweiblichen – von der Empfängnis über die Schwangerschaft und Geburt bis hin zum mütterlichen Stillen und dem Muttersein selbst. Die offensichtlichste Analogie zwischen Frau und Mond ist natürlich, dass sein Lauf von einem Vollmond bis zum nächsten genauso lange dauert wie ein weiblicher Zyklus, nämlich vier Wochen.

In allen Mythen, Geschichten und Erzählungen über den Mond wird er als weiblich, die Sonne hingegen als männlich gesehen. In den romanischen Sprachen setzt sich diese Tradition fort: So heißen Sonne und Mond im Italienischen *il sole* und *la luna*, im Französischen *le soleil* und *la lune*. Warum der Mond im Deutschen männlich, die Sonne hingegen weiblich ist, mag ein zufälliger Dreher sein. Zu vermuten ist allerdings, diese Zuordnung könnte bedeuten, dass in unserer Sprache ein Wechsel geschlechtsspezifischer Prägung möglich ist – mit allen Vor- und sämtlichen Nachteilen.

Der Mond also – gemeint jedoch ist die »Möndin« – stellt die Verkörperung alles Weiblichen dar. Dass dies automatisch nur auf Frauen zutreffen muss, ist damit keineswegs gesagt. Warum sollte ein Mann nicht »weiblich« sein können – und umgekehrt eine Frau nicht auch »männlich«? In manchen »Mondländern« jedenfalls ist die überkommene Fixierung der Geschlechterrollen zum Teil unerträglich: Es ist für die Gesellschaft sicher wichtig, dass Frauen als potenziellen Müttern Achtung entgegengebracht wird; aber es ist *ver*achtend, ihnen darüber hinaus keine Aufgaben zuzugestehen. Dass sie, wenn sie keine Kinder mehr bekommen können, nicht viel mehr »wert« sein sollen als eine Ziege oder ein Kamel, verletzt schlichtweg die Menschenwürde.

Zurück zum Mond: Er empfängt, geht schwanger, gebärt, nährt, hegt und pflegt. Genau das Gleiche »macht« er in unserem Horoskop, also mit uns: In dem Tierkreiszeichen, in dem er sich bei der Geburt gerade befindet, ist sein Standort, sein Zuhause. Dort will und muss er seiner Bestimmung nachkommen und wird im Laufe eines menschlichen Lebens empfangen, schwanger werden, gebären, nähren, hegen und pflegen.

Darin unterscheidet sich der Mond von der Sonne, die Energie und Vitalität in uns entzündet und damit Lebensfreude und Schaffenskraft stiftet. Der Mond empfängt. Er bekommt die Kraft und das Licht der Sonne, um zu leuchten, so wie in der traditionellen Rollenverteilung die Frau des Schutzes und der Versorgung durch den Mann bedarf. Aber der Schluss, Mondlicht wäre nur reflektierter Sonnenschein, ist falsch. Die Astrologie weiß von ureigenen Kräften des Erdtrabanten. Er transformiert Sonnenenergie. Um sich wenigstens etwas von dieser Umgestaltungskraft vorstellen zu können, sei auf den Vorgang von Zeugung und Schwangerschaft verwiesen: Der Same wäre dann der »Beitrag« der Sonne (des Mannes). Dass daraus schließlich ein menschliches Wesen wird, wäre wiederum die »Zugabe« des Mondes (der Frau). Bei der Sonne fragt der Astrologe: »Was kann ich? Wo ist mein größtes Potenzial?« Beim Mond fragt er: »Wo bin ich zu Hause? Wo fühle ich mich wohl? Wie erlebe und fühle ich? Wo will ich ›gebären und fruchtbar werden‹?« Und das ist natürlich in keiner Weise »nur« aufs Kinderkriegen beschränkt.

Der Mond als sich wandelnder himmlischer Geist war aber auch schon immer ein Symbol für das Innenleben. Verweist uns die Sonne auf unsere Fassade, die äußere Erscheinung, mit der wir uns der Welt präsentieren und von der wir uns wünschen, dass uns andere auch so erleben, verrät uns der Mond unsere Empfindungen, unsere Gefühle. Darüber sprechen wir nicht mit jedem, wir offenbaren sie nur den Menschen, die uns nahe sind und denen wir vertrauen. Das Sternzeichen, der Stand der Sonne, beleuchtet unser öffentliches Sein. Der Mond hingegen spielt im zwischenmenschlichen und damit eher im privaten Sein eine große Rolle.

Aber es geht noch tiefer, wird noch geheimnisvoller: Der Mond ist nicht nur zuständig für unser Innenleben. Er blickt auch in einem übergeordneten Sinn »dahinter«: Der Mond – die »Möndin« – öffnet ein Fenster in eine andere Dimension. In unserer westlichen Zivilisation ist der Zugang meist nur wenigen begnadeten Seelen möglich. Oft sind das Künstler. Ein wunderbares Beispiel ist das Gedicht von Rainer Maria Rilke über den Mond, das diesem Kapitel als Einstimmung vorangestellt ist. Aber auch während eines Sommeraufenthalts in Italien oder Griechenland lässt sich etwas vom Mythos Frau Lunas erahnen, dann nämlich, wenn sich wie aus dem Nichts heraus am helllichten Tag ein Geist am Himmel offenbart, der sehr viel später erst zum Mond wird. Noch viel deutlicher aber ist es in der Wüste, der Urheimat der Astrologie. Dort ist der Trabant kein fremdes Gestirn, sondern eine Göttin, die sich am Himmel zeigt und einen Türspalt offen lässt für diejenigen, die bereit sind, hinüberzuschauen. Der Mond verkörpert auch die heilige Schale der Taufe und die Einweihung in die Geheimnisse des Seins. Dort, wo er im Horoskop steht, findet sich die Gnade, an übersinnlichen Erfahrungen teilzuhaben. Er ist eine Pforte in das Reich der Mystik und Spiritualität. Der Mond führt zu Gott, nicht unser Zentralgestirn.

Frauen sind dem astrologischen Mond näher als ihrer Sonne. Sie müssten sich daher eigentlich auch eher an ihrem Mond- als an ihrem Sternzeichen orientieren. Es ist aber so, dass sich die gängige Astrologie an der Sonne und damit am Männlichen ausrichtet: Ein Sonnen- oder Sternzeichenhoroskop findet man beinah in jeder Zeitung, das Mondzeichenhoroskop hingegen in keiner einzigen.

Je mehr eine Frau allerdings aus ihrer klassischen Rolle einer Mutter und Hausfrau herauswächst und »ihren Mann steht«, desto stärker wird sie auch ihre Sonne leben. Allerdings wäre es völlig falsch, wenn sie den Mond dann unberücksichtigt ließe. Eine bewusste und emanzipierte Frau schöpft aus beiden: Führungsaufgaben, die von Männern grundsätzlich hierarchisch gelöst werden, packen Frauen anders an. Sie lassen mehr Nähe (Mond) zu und motivieren ihre Mitarbeiter dadurch auf einer persönlicheren Ebene. Auch bei Entscheidungen sind Frauen, die sowohl Logik (Sonne) als auch Intuition (Mond) zulassen können, Männern überlegen, die sich nur nach der Sonne richten.

Während Frauen ihren Mond eher unmittelbar selbst leben, neigen Männer dazu, sich eine Frau zu suchen, die ihrem Mond entspricht. Insofern gelten die Aussagen über die einzelnen Mondpositionen für Männer nur indirekt, sie beschreiben sozusagen »Suchbilder«. Ein solches Bild bezieht sich dann auf die Frau, mit der man zusammenleben will und die möglicherweise sogar die Mutter gemeinsamer Kinder wird.

☾ Der Mond ist der Hausplanet oder das herrschende Gestirn des Krebszeichens und übernimmt auch das Element des Zeichens, also Wasser. Das astrologische Symbol besteht aus zwei Halbkreisen – dem Ursymbol des Seelischen.

123

Auf den folgenden Seiten finden sich die zentralen Eigenschaften der zwölf Mondpositionen. Bei der individuellen Anwendung ist stets zu berücksichtigen, dass die Mondposition immer auch durch die Häuser und durch Verbindungen mit verschiedenen Gestirnen eine andere Färbung bekommen und im Einzelfall auch einmal stark von den hier genannten Deutungen abweichen kann.

Ihre exakte Mondposition lässt sich wieder über die Homepage des Autors herunterladen (www.bauer-astro.de).

Der Steinbock und seine Mondzeichen

Der Mond im Zeichen Widder – Temperamentvoll

Mondstärken Unternehmungslust, Impulsivität, Direktheit, Selbständigkeit, Ichhaftigkeit, Suche nach eigenständiger Wirksphäre, intensives Phantasieleben, musikalische oder bildnerische Begabung, Ideenträger sein, Erspüren von Macht

Mondschwächen Aggressivität, Spannung, Ungeduld, Nervosität

Die Botschaft des Mondes lautet: »Das Leben ist ein immerwährender Kampf. Sei wachsam und bereit. Lass dich nicht unterkriegen, sondern versuch dir einen der vorderen Plätze im Leben zu ergattern. Das ist deine Bestimmung. Du brauchst zwar Pausen, in denen du auftanken kannst, aber zu lange darfst du dich nie dem aktiven Leben entziehen. Sonst könntest du zurückfallen und untergehen. Du brauchst Erfolgserlebnisse. Sie sind der Stoff, der dich am Leben hält. Sei immer auf der Hut!«

Mond-Check

Wie weiblich macht dieser Mond? Nicht besonders stark. Widder ist ein sehr männliches Zeichen.

Wie mütterlich macht dieser Mond? Man wird ein »Kumpel zum Pferdestehlen«, aber kein ausgeprägter Muttertyp.

Wie gefühlvoll macht dieser Mond? Er macht sehr feurig. Aber das bedeutet nicht, dass man in Gefühlen geradezu badet.

Wie intuitiv macht dieser Mond? Sehr sensibel und unglaublich phantasievoll.

Was braucht man mit diesem Mond? Wärme, Selbstbestätigung, Aufmerksamkeit, Anerkennung.

Für den Mann: Wie lautet das Suchbild »(Mond-)Frau«? Sie soll temperamentvoll, ichhaft, bestimmend, aktiv sein und darf ruhig auch den Ton angeben.

Der Mond im Zeichen Stier – Erdverbunden

Mondstärken Lebensfreude, Genuss, gefestigtes Gefühlsleben, Naturliebe, Musikalität, Sammelleidenschaft, Gutmütigkeit, Häuslichkeit, Geschmack

Mondschwächen Antriebsschwäche, Materialismus, Geiz, Gier

Die Botschaft des Mondes lautet: »Du bist ein Kind der Erde. Verbinde dich daher stets mit ihr. Hier findest du alles, was du brauchst. Lass die Erde auch deine Lehrmeisterin sein. Lerne von ihr. Beobachte, wie alles mit einem Samen – also klein – beginnt und mit der Zeit immer größer wird. Sei geduldig, und Größe und Reichtum sind dir sicher. Lerne auch von der Mutter Erde, dass alles einem Kreislauf folgt. Sei also bereit, zu bestimmten Zeiten loszulassen, um dann wieder neu empfangen zu können.«

Mond-Check

Wie weiblich macht dieser Mond? Sehr weiblich. Er ist beinah so etwas wie der Inbegriff von Weiblichkeit.

Wie mütterlich macht dieser Mond? Kinder und Familie gehören zu ihm.

Wie gefühlvoll macht dieser Mond? Er beschert ein sehr natürliches und selbstverständliches Gefühlsleben.

Wie intuitiv macht dieser Mond? Man fühlt sich den Geschöpfen der Natur sehr nah und bezieht aus der Natur Kraft und Intuition.

Was braucht man mit diesem Mond? Seinen Platz, ein Zuhause, Sicherheit, einen gewissen Wohlstand.

Für den Mann: Wie lautet das Suchbild »(Mond-)Frau«? Sie soll praktisch, sinnlich und fürsorglich sein.

Der Mond im Zeichen Zwillinge – Heiter

Mondstärken Vielseitigkeit, Ausdrucksfähigkeit, Kontaktfreude, schriftstellerische Begabung, intuitives Erfassen anderer Menschen, gute Selbstdarstellung

Mondschwächen Oberflächlichkeit, Manipulation, Enttäuschungen, Zerrissenheit

Die Botschaft des Mondes lautet: »Du bist aus dem Element Luft geboren, leicht wie sie und grenzenlos. Das musst du dir als dein Lebensprogramm immer vor Augen halten: Niemand und nichts darf dich je einengen oder festhalten. Du wirst dich selbst binden und festsetzen, aber nie für immer und stets so, dass du jederzeit entweichen kannst. Deine Bestimmung ist, Menschen miteinander zu verbinden, ein Netz von Beziehungen zu erstellen. Unter Menschen fühlst du dich zu Hause.«

Mond-Check

Wie weiblich macht dieser Mond? Zwillinge ist ein männliches Zeichen und prägt entsprechend.

Wie mütterlich macht dieser Mond? Es ist absolut kein »Muttertyp« zu erwarten.

Wie gefühlvoll macht dieser Mond? Der Zugang zu tiefen Gefühlen fällt recht schwer.

Wie intuitiv macht dieser Mond? Menschen mit dieser Konstellation reagieren oft sehr intuitiv.

Was braucht man mit diesem Mond? Menschen um sich, Unterhaltung, Ansprache, Freunde.

Für den Mann: Wie lautet das Suchbild »(Mond-)Frau«? Sie soll kommunikativ, gebildet, unterhaltsam und freiheitsliebend sein.

Der Mond im Zeichen Krebs – Gefühlvoll

Mondstärken Für andere da sein, Erlebnistiefe, seelische Beeindruckbarkeit, ausgeprägtes Traumleben, starke unbewusste Kräfte, mütterlich und häuslich sein, starkes Innenleben, große Einfühlungsgabe, telepathische Fähigkeiten

Mondschwächen Täuschungen, unverstanden sein, Launenhaftigkeit, Mutterprobleme

Die Botschaft des Mondes lautet: »Du bist mir besonders nah. Fest sind wir miteinander verbunden. Daher veränderst du dich mit meinem Wandel: Werde ich schmäler, willst auch du dich verausgaben. Bin ich ganz verschwunden, ziehst du dich ebenfalls zurück. Umgekehrt ist es dir danach, dich zu zeigen, fröhlich und extravertiert zu sein, wenn ich wieder größer werde. Dir öffne ich auch – mehr als jedem anderen – ein Fenster, damit du hinüberschauen kannst in die Welt der Wunder.«

Mond-Check

Wie weiblich macht dieser Mond? Extrem weiblich.

Wie mütterlich macht dieser Mond? Eigene Kinder und eine Familie, für die man sorgen kann, gehören zu dieser Konstellation.

Wie gefühlvoll macht dieser Mond? Es entwickelt sich ein starkes Gefühlsleben.

Wie intuitiv macht dieser Mond? Träume und Intuition haben große Tiefe.

Was braucht man mit diesem Mond? Eine Familie, Kinder, immer wieder Zeit für sich.

Für den Mann: Wie lautet das Suchbild »(Mond-)Frau«? Sie soll die Mutter »seiner« Kinder werden, häuslich, liebevoll und fürsorglich sein.

Der Mond im Zeichen Löwe – Stolz

Mondstärken Darstellungskunst, Selbstvertrauen,
Kreativität, Gerechtigkeitsempfinden, Unternehmungsgeist,
schauspielerische Talente
Mondschwächen Theatralik, Übertreibung, Trägheit, Faulheit,
Narzissmus

Die Botschaft des Mondes lautet: »Du hast einen besonders starken Mond, einen, der ständig in seiner vollen Größe zu sein
scheint. Das führt dazu, dass du ein ausdrucksstarker, emotionaler
Mensch bist. In dir entspringt eine Quelle ununterbrochener
Kreativität und Inspiration, das äußert sich als starkes Phantasie-
und Traumleben. Du musst Möglichkeiten finden, dein inneres
Erleben nach außen zu transponieren. Du verkümmerst, wenn du
dein Mondgeschenk nicht lebst.«

Mond-Check

Wie weiblich macht dieser Mond? Löwemond-Menschen sind feu-
rig und stark.
Wie mütterlich macht dieser Mond? Sie übernehmen gern die
Mutterrolle, um andere zu verwöhnen.
Wie gefühlvoll macht dieser Mond? Er weckt spontane, feurige
Gefühle, die aber auch schnell wieder vergehen.
Wie intuitiv macht dieser Mond? Licht und Wärme nähren ihre
Intuition und führen zu großer Kreativität und Schöpferkraft.

Was braucht man mit diesem Mond? Feuer, Wärme, Sonne, aber auch Bestätigung und Achtung: Daraus besteht dieses Lebenselixier.

Für den Mann: Wie lautet das Suchbild »(Mond-)Frau«? Eine starke Frau soll es sein, der man gern auch die Regie über Haus und Familie anvertraut.

Der Mond im Zeichen Jungfrau – Vorsichtig

Mondstärken Vorhersehen können, Organisations- und Konzentrationsfähigkeit, Ordnungsliebe, Gespür für gesundheitliche Belange, bewusste Ernährung, Zugang zu geheimem Wissen

Mondschwächen Abhängigkeit von Zuwendung

Die Botschaft des Mondes lautet: »Das Leben ist keine Autobahn, auf der es immer geradeaus geht. Ein Weg voller Überraschungen erwartet dich. Daher ist es wichtig, dass du stets hellwach bist, um zu wissen, was kommt. Ich, dein Mond, habe dich deshalb auch mit der Gabe der Vorausschau ausgestattet, damit du nie im Dunkeln tappst. Aber du bist auch ein Erdzeichen, ein Kind unseres Planeten. Dies bedeutet, dass du mit der Zeit seinen gesetzmäßigen Lauf immer besser erkennst. Es hilft dir, dein Leben zu beruhigen. Lerne daher von der Erde und dem Wechsel der Jahreszeiten.«

Mond-Check

Wie weiblich macht dieser Mond? Er macht eher mädchenhaft als weiblich (und eher burschikos als männlich).

Wie mütterlich macht dieser Mond? Frauen mit dieser Mondstellung sind keine »schlechten Mütter«, fühlen sich aber oft zu etwas anderem berufen.

Wie gefühlvoll macht dieser Mond? Empfindungen gegenüber macht er eher misstrauisch.

Wie intuitiv macht dieser Mond? Die Erde offenbart ihr Wissen, so dass die Betreffenden es zum Beispiel auch für heilendes Wirken anwenden können.

Was braucht man mit diesem Mond? Kontakt mit Mutter Erde, Sicherheit, einen Lebensplan.

Für den Mann: Wie lautet das Suchbild »(Mond-)Frau«? Sie soll klug und praktisch sein, ihr Gefühlsleben unter Kontrolle haben, und sie darf sich nicht in Abhängigkeiten verstricken.

Der Mond im Zeichen Waage – Ausgewogen

Mondstärken Andere spüren können, gern unter Leuten sein, Kontaktfreude, Sinn für Ästhetik, Kunst, Schönheit, verbindend und ausgleichend sein, Gerechtigkeitsliebe

Mondschwächen Entscheidungsunfähigkeit, Antriebsarmut, Überempfindlichkeit, Abhängigkeit

Die Botschaft des Mondes lautet: »Du hast eine Art Wünschelrute, mit deren Hilfe du jedes Ungleichgewicht erspüren kannst. Lebt jemand in Disharmonie oder herrscht eine Unstimmigkeit zwischen Menschen, schlägt dein magisches Instrument augenblicklich aus. Am schnellsten reagierst du auf eigene Störungen, weswegen es für dich sehr wichtig ist, in Harmonie und Frieden zu leben und dein Umfeld entsprechend auszuwählen. Andere suchen dich auf, weil du sie nicht nur bestens verstehst, sondern auch dazu beiträgst, für Versöhnung und Eintracht in ihrem Leben zu sorgen.«

Mond-Check

Wie weiblich macht dieser Mond? Er macht zärtlich, einfühlsam und auch weiblich, aber nicht im Übermaß.

Wie mütterlich macht dieser Mond? Menschen mit dem Mond im Zeichen Waage können sich Kindern gegenüber schlecht durchsetzen.

Wie gefühlvoll macht dieser Mond? Stimmungen lieben sie, starke Emotionen aber bereiten Probleme.

Wie intuitiv macht dieser Mond? Man ist sehr sensibel und ungeheuer phantasievoll.

Was braucht man mit diesem Mond? Eine harmonische Umgebung und ausgeglichene Beziehungen.
Für den Mann: Wie lautet das Suchbild »(Mond-)Frau«? Sie muss feinsinnig, geschmackvoll, sehr einfühlsam und liebesfähig sein.

Der Mond im Zeichen Skorpion – Tiefgründig

Mondstärken Hinterfragen, aufdecken, im Krisenfall Stärke zeigen, okkulte Fähigkeiten, suggestive Ausstrahlung, großer Familiensinn
Mondschwächen Nicht loskommen von der Mutter, Despotismus, krankhafte Eifersucht, Misstrauen

Die Botschaft des Mondes lautet: »Da das Wesentliche, Eigentliche und Wahre in aller Regel nicht offensichtlich wird, ist es deine Bestimmung, dich bis ins Innerste der Menschen hineinzuspüren. Deinem Röntgenblick bleibt nichts verborgen. Jeden unterziehst du einer Prüfung, und nur wenn er sie besteht, lässt du dich auf eine Beziehung ein. Letztlich suchst du so ein Gegenüber, das dich ergänzt – dein Du –, um mit ihm eine Familie zu gründen. In deinen Kindern lebst du weiter. Sie geben dir Zukunft, auch wenn es dich nicht mehr gibt.«

Mond-Check

Wie weiblich macht dieser Mond? Menschen mit einem Skorpionmond verfügen über große weibliche Kräfte.
Wie mütterlich macht dieser Mond? Gute Mütter sind das – auch die Männer …!
Wie gefühlvoll macht dieser Mond? Man empfindet tiefe Gefühle und große Leidenschaft.
Wie intuitiv macht dieser Mond? Die Betreffenden sind visionär und haben magische Fähigkeiten.
Was braucht man mit diesem Mond? Vertrauen und Sicherheit.
Für den Mann: Wie lautet das Suchbild »(Mond-)Frau«? Sie muss stark und bereit sein für ein ehernes Bündnis und gemeinsame Kinder.

Der Mond im Zeichen Schütze – Sinnstiftend

Mondstärken Optimistisch, motivierend, begeisternd, vielseitig, schriftstellerische Talente, sportliche Fähigkeiten, gut im Ausland leben können

Mondschwächen Blauäugigkeit, Naivität, Phantasterei

Die Botschaft des Mondes lautet: »Du bist auf die Welt gekommen, um der Dunkelheit ein Ende zu bereiten, dem Guten und Gesunden zum Sieg über das Böse und Kranke zu verhelfen. Verstehen, einen Sinn verleihen, verzeihen – so lauten deine Waffen, mit denen du ins Feld ziehst und siegreich zurückkommst. Du bist wie eine heilige Schale, welche alle Waffen stumpf macht, die in sie gelegt werden. Schlimmes wird erlöst. Wunden können heilen. Friede kehrt ein.«

Mond-Check

Wie weiblich macht dieser Mond? Auch als Frau stehen diese Menschen leicht ihren Mann.

Wie mütterlich macht dieser Mond? Zu viel Mütterlichkeit ist ihnen suspekt.

Wie gefühlvoll macht dieser Mond? Man ist feurig, ekstatisch, aber nicht gerade gefühlvoll.

Wie intuitiv macht dieser Mond? Man verfügt über große Intuition und Seelenstärke.

Was braucht man mit diesem Mond? Eine Aufgabe, die etwas Sinnvolles zum Ziel hat.

Für den Mann: Wie lautet das Suchbild »(Mond-)Frau«? Sie muss selbständig, aktiv, sportlich sein. Man muss sich mit ihr auch geistig austauschen können.

Der Mond im Zeichen Steinbock – Überpersönlich

Mondstärken Klares Gefühlsleben, Selbstbeherrschung und Pflichtbewusstsein, Streben nach Objektivität und Durchsichtigkeit, Ernsthaftigkeit, Liebe zum Beruf
Mondschwächen Sich selbst zu negativ sehen, abhängig sein von beruflichem Erfolg, Gefühlskontrolle

Die Botschaft des Mondes lautet: »Du bist mit der Gabe gesegnet, das Allgemeine und Wesentliche auch im Einzelnen und Persönlichen zu erkennen. Das macht dich zu einer Person, die den Menschen in ihrer Gesamtheit verpflichtet ist. Dafür tritt das Persönliche und Individuelle bei dir zurück. Es wird unbedeutend. Du bist Wächter und Bewahrer des Seelischen, Stimmigen und Wahren.«

Mond-Check

Wie weiblich macht dieser Mond? Menschen mit dieser Mondposition sind sehr weiblich, ohne es immer nach außen hin deutlich zu zeigen.

Wie mütterlich macht dieser Mond? Auch ihre Mütterlichkeit ist ausgeprägt, aber nicht unbedingt für eigene Kinder.

Wie gefühlvoll macht dieser Mond? Man unterscheidet echte und wahre Gefühle von Emotionen, die vorgetäuscht werden.

Wie intuitiv macht dieser Mond? Die Betreffenden haben die Fähigkeit, Visionen zu entwickeln.

Was braucht man mit diesem Mond? Eine Aufgabe für die Allgemeinheit.

Für den Mann: Wie lautet das Suchbild »(Mond-)Frau«? Sie soll eine gewisse Persönlichkeit ausstrahlen, stark und selbständig sein.

Eine besondere Konstellation

*Sie sind in der Neumondphase (zwei Tage vor bis zwei Tage nach
Neumond) geboren. Sie sind damit ein besonderer Mensch. Denn
in Ihnen ist eine große Sehnsucht nach inniger Nähe zu geliebten
Menschen, die Sie in einer erfüllten Partnerschaft zu verwirklichen
versuchen.*

Der Mond im Zeichen Wassermann – Schöpferisch

Mondstärken Sozial, human, freundlich, aufgeschlossen,
ungebunden, Veränderungsliebe, Reisefreude, Erfindungsgabe,
Intuitionskraft, Reformwillen

Mondschwächen Zwanghaft antiautoritäres Denken und Handeln, Verwirrtheit

Die Botschaft des Mondes lautet: »Du bist mit einer schöpferischen Quelle verbunden, in der ununterbrochen Neues geboren,
Altes verwandelt und neu gestaltet wird. Das Unvorhersehbare,
Neue und Fremde ist deine Heimat. Das führt manchmal dazu,
dass du dir selbst in deinem Inneren fremd vorkommst, voller
Widersprüche steckst und nicht mehr recht weißt, wer du bist und
woher du kommst. Solche Phasen dienen aber der Vorbereitung
eines neuen schöpferischen Schubs. Du darfst dich davon nicht
verwirren lassen.«

Mond-Check

Wie weiblich macht dieser Mond? Männlich oder weiblich? Beide
Seiten sind Menschen mit dieser Konstellation vertraut.

Wie mütterlich macht dieser Mond? Man ist der beste Gefährte und
Freund aller Kinder, aber nicht der klassische Muttertyp.

Wie gefühlvoll macht dieser Mond? Stimmungen sind wunderbar.
Emotionen gegenüber sind die Betreffenden misstrauisch.

Wie intuitiv macht dieser Mond? Er schenkt Offenbarungsträume,
in denen Hinweise für den eigenen Lebensweg erhalten sind.

Was braucht man mit diesem Mond? Anregungen, Veränderungen und die Möglichkeit, sich schöpferisch betätigen zu können.

Für den Mann: Wie lautet das Suchbild »(Mond-)Frau«? »Etwas Besonderes« soll sie sein – frei, unabhängig – und sich von anderen Frauen unterscheiden.

Der Mond im Zeichen Fische – Geheimnisvoll

Mondstärken Medialität, heilerische Qualitäten, Kraft durch Glauben, Sensibilität, Liebe für andere, Liebe zur Schöpfung, verlässliches instinkthaftes Gespür

Mondschwächen Wirre Phantasievorstellungen, Unsicherheit, Bindungslosigkeit

Die Botschaft des Mondes lautet: »Du bist wie der Mond, der sich am Vormittag noch am blauen Himmel zeigt, bis er mit ihm auf rätselhafte Weise verschmilzt – schillernd, beinah durchsichtig und im Inneren zerbrechlich und fein. Du bist dem Gefäß, in dem die Seele wohnt, sehr nah und weißt, dass man sie nicht fassen kann. Sie zeigt sich nur denen, die ohne Absicht sind, Kindern und Heiligen. Du bist voller Liebe für alles, was unvollkommen ist, kannst heilen und versöhnen.«

Mond-Check

Wie weiblich macht dieser Mond? Äußerst weiblich.

Wie mütterlich macht dieser Mond? Menschen mit einem Fischemond fühlen sich als Mutter der gesamten Schöpfung.

Wie gefühlvoll macht dieser Mond? Man ist unglaublich gefühlvoll.

Wie intuitiv macht dieser Mond? Mehr an Intuition weist keine der anderen Mondstellungen auf.

Was braucht man mit diesem Mond? Stille, Einkehr, Liebe und Verständnis für die geheimnisvollen Seiten des Seins.

Für den Mann: Wie lautet das Suchbild »(Mond-)Frau«? Sie soll liebevoll, geheimnisvoll, fast engelhaft sein.

Merkur – Schlau, beredt, kommunikativ und göttlich beraten

Die Bedeutung Merkurs

Der römische Gott Merkur entspricht ganz dem Hermes der griechischen Mythologie. Er war ein ausgesprochen schillernder Gott, versehen mit zahlreichen Eigenschaften und Funktionen. Respekt und Bewunderung erwarb er sich durch Klugheit und Raffinesse. So stahl er, gerade erst als Sohn des Jupiter bzw. Zeus und der Nymphe Maia geboren, dem Gott Apoll eine Rinderherde. Von diesem zur Rede gestellt, spielte er auf einem mit Fell und Saiten versehenen Schildkrötenpanzer derart gekonnt auf, dass Apolls Zorn verflog und er ihm die Rinder im Tausch gegen das Musikinstrument überließ. Ganz nebenbei hatte Merkur auf diese Weise die Lyra erfunden, jenes zauberhafte Instrument, mit dem später Orpheus Menschen wie Götter verzauberte.

Gott Merkur war also klug und listig, und genau diese Fähigkeit verleiht er auch dem Menschen. Er macht beredt, erfinderisch und verhilft einem auch mal zu einer guten Ausrede. Wegen seiner listigen Eigenschaften wurde er zum Gott der Kaufleute, Diebe und Bänkelsänger. Seine Fröhlichkeit machte ihn zum Schutzpatron all derjenigen, die auf heiteren Wegen wandeln. Und sein Diebstahl der Kühe ließ ihn selbstredend zum Gedeihen der Viehherden beitragen. Infolge seiner Lust am Reden und seines Talents, sich allemal in ein günstiges Licht zu setzen, wurde er der göttliche Freund all derer, die viel sprechen, schreiben und auf der Bühne stehen: Dichter, Sänger, Schauspieler, Politiker, Talkmaster, Ansager, Komiker, Artisten oder Musiker. Wie wir denken, reden, kommunizieren, uns darstellen und uns verkaufen, das alles verrät die Position Merkurs in unserem Horoskop. Er verkörpert unsere unbeschwerte Seite und den leichtesten Weg, den man gehen kann. Aber Merkur hat noch mehr auf Lager: Bei den Griechen galt er als Diener Jupiters und als Götterbote, der zwischen dem Olymp, dem Wohnort der Unsterblichen, und den Menschen drunten auf der Erde vermittelte. Und er begleitete auch die Seelen der Verstorben in die Unterwelt. Er besaß geflügelte Sandalen und einen geflügelten Hut, damit er rasch hin und her eilen konnte. Ein weiteres Attribut war sein goldener Heroldsstab, der Kerykeion, ein Zauberstab.

Hermes überbrachte also den Willen seines Vaters Zeus. So führte er zum Beispiel in dessen Auftrag Hera, Athene und Aphrodite zum Idagebirge, wo Paris den goldenen Apfel der – seiner Wahl nach – schönsten der Frauen überreichen sollte. Seine Entscheidung für Aphrodite, die ihm dafür Helena versprochen hatte, löste später bekanntlich den Trojanischen Krieg aus.

Tatsächlich fungiert Merkur auch in der Astrologie als eine Art Empfangs- und Sendestation. Wo er sich in unserem Horoskop befindet, sind uns die Götter besonders nah und übermitteln uns ihre Botschaften und Nachrichten. Umgekehrt können wir dort die Götter am ehesten erreichen.

Merkur ist der sonnennächste Planet. Er zieht seine Kreise um unser Zentralgestirn so eng, dass er sich nie mehr als maximal ein Zeichen von der Sonne entfernen kann. Das führt auch dazu, dass in vielen Horoskopen Merkur die gleiche Tierkreiszeichenposition einnimmt wie die Sonne.

☿ Das astrologische Symbol besteht aus einer Schale, einem Kreis und dem Kreuz. Die Schale symbolisiert seelische Empfänglichkeit. Der Kreis steht für die Dimension des Geistes, das Kreuz für Materie. Das Symbol in seiner Gesamtheit signalisiert, dass Seele und Geist über der Materie stehen und sie dominieren.

Auf den folgenden Seiten finden sich die wichtigsten Eigenschaften der Merkurposition von Steinbockgeborenen. Bei der konkreten Anwendung ist auch hier zu berücksichtigen, dass die Konstellation durch Verbindungen mit verschiedenen weiteren Gestirnen immer eine andere Färbung bekommen und im Einzelfall auch einmal stark von den genannten Deutungen abweichen kann.

Die exakte Merkurposition lässt sich wieder über die Homepage des Autors herunterladen (www.bauer-astro.de).

Der Steinbock und seine Merkurzeichen

Merkur im Zeichen Schütze – Inspiriertes Denken

Merkurstärken Optimistisches Denken, die Gabe
der Inspiration

Merkurschwächen Flüchtigkeit, die Realität in einem zu rosigen
Licht sehen, die eigenen Schwächen nicht erkennen

Die Botschaft Merkurs lautet: »Dein Denken ist nicht logisch und
auch nicht unbedingt von Erfahrungen geprägt. Ich, Merkur im
Zeichen Schütze, verhelfe dir zu Ideen und Inspirationen, die dir
scheinbar in den Schoß fallen, so als fielen sie vom Himmel. Wenn
du beginnst, deine Argumente zu begründen, gerätst du in Schwierigkeiten. Und eigentlich gibt es bei Eingebungen auch nichts zu
begründen. Es ist eine in sich stimmige Art, die Welt zu erfahren
und zu verarbeiten. Du kannst dich sogar so stark mit deiner
geheimnisvollen Quelle der Inspiration verbinden, dass du die
Herzen anderer Menschen berührst und zu öffnen vermagst. Ich,
der Schützemerkur, mache dich zu einer Art ›Menschenflüsterer‹.
Diese Gabe benötigt viel Umsicht. Du bewegst dich ja im Raum des
Geistes, der Ideen und des Glaubens. Dabei verliert man schnell
den realen Boden unter den Füßen, wird naiv oder überheblich. Du
solltest wissen, dass du unter mir leicht dazu neigst, deine eigenen
Ideen als der Weisheit letzten Schluss zu betrachten – egal, wie
banal sie auch sein mögen. Du brauchst daher Selbstkritik und
Bescheidenheit, musst immer wieder innehalten und dich in Frage
stellen. Lass dir aber auf keinen Fall deine Gabe der Inspiration aus-
reden, und zweifle vor allem nicht selbst daran!

Deine Kontakte sind ›stürmisch‹: Du kannst andere Menschen
mitreißen und überzeugen. Auch diese Gabe birgt Gefahren,
nämlich dass du anderen etwas aufzwingst oder sie verführst.«

Merkur-Check

Ist man mit diesem Merkur kontaktfähig? Man besitzt die Fähigkeit, andere mitzureißen.

Was bringt einen »den Göttern« näher? Zu diskutieren, sich der Wahrheit dabei allmählich anzunähern, von einer neuen Idee inspiriert zu sein.

Merkur im Zeichen Steinbock – Objektives Denken

Merkurstärken Gründliches, sachliches, konzentriertes, erfahrungsorientiertes Denken
Merkurschwächen Starrsinn

Die Botschaft Merkurs lautet: »Dein Denken ist sachlich, genau und praktisch. Du beziehst dich in deinen Überlegungen auf eigene Erfahrungen, bist aber auch offen für Erfahrungen zuverlässiger Herkunft. Das verleiht dir Sicherheit und Glaubwürdigkeit. Darüber hinaus führt meine Anwesenheit im Zeichen Steinbock zu einem grundsätzlichen Misstrauen. Du neigst dazu, dich – vielleicht ohne es selbst zu bemerken – als ›letzte Instanz‹, als entscheidendes Prüfungsorgan zu verstehen. Gleich einer Art TÜV suchst du nach Fehlern und Missständen, und du übersiehst dabei nichts. Neuem gegenüber bist du besonders skeptisch. Bei Inspektionen, Korrekturen, wissenschaftlichen Arbeiten und überall sonst, wo es gilt, Fehler zu vermeiden, bist du unübertroffen. Du verleihst Ideen den tragfähigen Grund, und du bist die beste Garantie dafür, dass Pläne und Vorhaben zu Ende geführt werden.

Aber ich, der Steinbockmerkur, beschere dir auch Schattenseiten. Manchmal nimmst du durch deine kritische Art anderen die Lust. Du kannst eine Aura des Misstrauens und Pessimismus verbreiten. Im zwischenmenschlichen Bereich wirkst du unterkühlt und abweisend. Du musst achtgeben, dass du das Kind nicht mit dem Bad ausschüttest. Frag dich selbst, wie konstruktiv deine Einwände sind. Halt dich zurück, wenn es um die Entwicklung neuer Ideen geht. Beobachte zuerst, bevor du dich einschaltest. Es wäre traurig, wenn du deine große von mir erhaltene Begabung durch Kleinlichkeit und Unüberlegtheit zunichtemachtest.«

Merkur-Check

Ist man mit diesem Merkur kontaktfähig? Auf andere zuzugehen fällt schwer. Sicher ist man nur im sachlichen Austausch.

Was bringt einen »den Göttern« näher? Erfolgreich mit seiner Arbeit voranzukommen, seine Annahmen bestätigt zu finden, Anerkennung zu erlangen.

Merkur im Zeichen Wassermann – Originelles Denken

Merkurstärken Außergewöhnliche Denkbegabung, Einfallsreichtum, Erfindergeist

Merkurschwächen Unkonzentriert, unsachlich

Die Botschaft Merkurs lautet: »Ich, dein Merkur, befähige dich zu abstraktem und originellem Denken. Du bist wach, hast einen lebhaften Verstand und bist ziemlich vorurteilsfrei. Du kannst Zusammenhänge rasch erfassen und leicht Beziehungen herstellen. Oft versuchst du dabei neue und ungewöhnliche Strategien. Dein ›Gehirn‹ ist daher wie geschaffen für Geniestreiche, Erfindungen und Erneuerungen. Immer dann, wenn es nach altem Muster nicht weitergeht, bist du gefragt.

Probleme bekommst du mit Menschen, die sich auf eingeschliffene Erfahrungen berufen. Jemand, der sagt: ›Das war doch schon immer so!‹, geht dir gegen den Strich. Auch wenn sich Denken und Gefühl miteinander vermischen, regt sich dein Widerstand. Die Gefahr besteht, durch deine Art mit der Zeit distanziert zu werden und am Ende isoliert dazustehen. Dabei bist du ein überaus sozialer Mensch, der Gespräche über Gott und die Welt schätzt. Kommst du in Fahrt, entpuppst du dich als ein großartiger Entertainer. Aber wie gesagt, du musst am ›Puls‹ der Menschen bleiben und darfst ihre Gefühle und Erfahrungen nicht despektierlich betrachten.«

Merkur-Check

Ist man mit diesem Merkur kontaktfähig? Man kann gut mit anderen Menschen auskommen.

Was bringt einen »den Göttern« näher? Innovative Ideen verfolgen, ungewöhnliche Methoden anwenden, frei und unkonventionell denken.

Venus – Die Liebe

Die Bedeutung der Venus

Kurz nach Sonnenuntergang – der Westen badet sich noch in goldenem Rot, im Osten kündet stahlblauer Himmel die Nacht an – kann man sie sehen, die Venus. Sie ist so hell, dass man sie manchmal mit den Lichtern eines Flugzeugs verwechselt. Und in Gegenden, die nicht künstlich erleuchtet sind, überkommt den Betrachter bei ihrem Anblick das Gefühl einer außerirdischen Begegnung. Der Tag geht zur Ruhe, Venus läutet den Feierabend ein, jene Zeit, die weder der Arbeit noch dem Schlaf gehört, sondern der Muße – und der Liebe.

Aber Venus verzaubert nicht nur den Abend, sondern auch den Morgen. Denn die Hälfte des Jahres läuft sie, wie wir es von der Erde aus sehen, der Sonne nach, und sie steht dann als Venus des Abends nach Sonnenuntergang noch einige Zeit am Abendhimmel. Die andere Hälfte jedoch läuft sie der Sonne voraus und steigt als Venus des Morgens vor der Sonne über den östlichen Horizont als strahlende Botin des neuen Tages.

Venus oder ihr griechisches Pendant Aphrodite trug den Beinamen »Schaumgeborene« (griechisch *aphrós* = »Schaum«). Einem Mythos zufolge hat Kronos (Saturn[us]), der Vater des Zeus, seinen Vater Uranos mit der Sichel entmannt und das Zeugungsglied bei Zypern ins Meer geworfen. Aus dem Schaum, der sich dabei bildete, ist die Göttin der Schönheit entstanden.

Sie galt als die fruchtbare Patronin des blühenden Frühlings und der überströmenden Frühlingslust. Sie war die Beschützerin der Gärten, Blumen und Lusthaine. Ihre Lieblingsgewächse waren Myrten, Rosen und Lilien, ihre Frucht der Apfel, ihre bevorzugten Tiere Widder, Böcke, Hasen, Tauben und die bunten Schmetterlinge. Vor allem aber war Venus/Aphrodite eine Frau, deren unvergleichliche Schönheit die Männer betörte. Man fand schier kein Ende, all ihre Reize aufzuzählen: göttlicher Wuchs, strahlende Augen, verlockender Blick, rosenknospiger Mund, zierliche Ohren, reizender Busen und dergleichen mehr.

Im Vergleich zu ihr sah ihr hässlicher, hinkender Ehemann Hephaistos, der Gott des Erdfeuers und Schutzgott der Schmiede, ziemlich alt aus, wie man heute sagen würde. Jeder fragte sich, wie diese Schönheit einem so grobschlächtigen Mann zugetan sein konnte, auch Venus selbst: Sie nutzte denn auch jede Gelegenheit zu einem Seitensprung. Der bekannteste und folgenreichste war wohl jener mit Mars, dem Amor entstammte, der spitzbübische Junge mit den heimtückischen Liebespfeilen.

Die schöne Venus bekam ein würdiges Denkmal am Himmel: Das hellste Gestirn wurde nach ihr benannt. Je nach Position kündet Venus als »Abendstern« den Feierabend, vor Sonnenaufgang die nahende Morgenröte an.

»Venus« ist ein anderes Wort für »Liebe, Lust, Zärtlichkeit, Leidenschaft, Zweisamkeit, Anziehung, Nähe, Knistern, Flirten, Sehnsucht, Verschmelzung, Sinnlichkeit« und so fort. Aber jede Venusposition in den Tierkreiszeichen gibt all diesen Facetten der Liebe eine andere Färbung, ein bestimmtes Gewicht, einen spezifischen Glanz.

♀ Das astrologische Symbol besteht aus einem Kreuz und einem Kreis. Letzterer symbolisiert den Geist. Das Kreuz wiederum ist ein Sinnbild für die Materie: Der Kreis steht über dem Kreuz, er lenkt die Materie, führt sie zur Vollendung in der Liebe.

Auf den folgenden Seiten finden sich die bedeutendsten Eigenschaften der Venusposition von Steinbockgeborenen. Bei einer konkreten Anwendung ist wieder zu berücksichtigen, dass die Konstellation durch Verbindungen mit verschiedenen weiteren Gestirnen unter Umständen eine andere Färbung bekommt und im Einzelfall möglicherweise stark von den hier genannten Deutungen abweicht.

Auch die exakte Venusposition kann über die Homepage des Autors heruntergeladen werden (www.bauer-astro.de).

Der Steinbock und seine Venuszeichen

Venus im Zeichen Skorpion – Totale Liebe

Venusstärken Leidenschaftlich, hingebungsvoll
Venusschwächen Eifersüchtig, zügellos, ausschweifend, wollüstig, hemmungslos

Die Botschaft der Venus lautet: »Würde man dir sagen, dass du dein ganzes Leben mit einem stinknormalen Liebhaber verbringen wirst, könntest du dich auch gleich einmotten lassen oder ins Kloster gehen. Keine Dramen? Keine Eifersucht? Keine blutigen Schrammen? Liebe ist doch kein Spaziergang, bei dem sich zwei Menschen an den Händen halten und freundlich anlächeln! Eine Herausforderung ist das, ein Tanz auf dem Vulkan, alles oder nichts! Schließlich habe ich mir nicht umsonst die spannendste Ecke im astrologischen Tierkreis ausgesucht. ›Skorpion‹, das ist ein anderes Wort für ›Finsternis‹, für ›Unterwelt‹, für ›Hölle‹. Aber ›Skorpion‹ bedeutet auch ›Transformation‹. Wer hinuntertaucht in die tiefste Lust und Leidenschaft, wer den Mythos völliger Hingabe nachvollzieht, der geht nicht unter, sondern steigt strahlend, leicht und selbstbewusst wieder auf: Am anderen Ende des Tunnels ist Licht – und das weißt du auch!«

Venus-Check

Kann man mit dieser Venus gut allein sein? Es geht, aber man leidet.

Braucht man mit dieser Venus Sicherheit? Nein, sondern Leidenschaft, Gefühl, Tiefe.

Besteht diese Venus auf Treue? Natürlich, bis zum Tod!

Macht diese Venus eifersüchtig? Das ist das Problem: Man ist abgrundtief eifersüchtig.

Findet man leicht einen Partner? Nein, weil man nicht jeden akzeptiert.

Venus im Zeichen Schütze – Flammende Liebe

Venusstärken Unabhängig, frei, verfeinerte und vergeistigte Ansicht von Liebe, große Vorstellungskraft, erfinderisch, feurig, wahrhaftig, selbstsicher

Venusschwächen Prahlerisch, bindungsunfähig, zur Untreue neigend

Die Botschaft der Venus lautet: »Das astrologische Zeichen Schütze symbolisiert keine ruhmreichen Krieger, auch keine kosmischen Sportsmänner oder -frauen, sondern Fabelwesen mit Pferdeleib und menschlichem Oberkörper. Im griechischen Mythos trugen sie den Namen ›Kentauren‹. Mensch und Tier sind natürlich Metaphern für (menschlichen) Geist, Verstand, Einsicht und Weisheit einerseits und (tierische) Lust, Sex, Gier und Triebhaftigkeit andererseits. Genau zwischen diesen beiden Polen spielt sich dein Liebesleben ab: ›La belle et la bête‹ – erkennst du dich? Du bist die oder der schöne, sanfte Geliebte, die oder der ein fremdes Wesen nach Hause trägt, es pflegt und zähmt und wärmt und ihm ›die Wunden leckt‹ …

Und das Spiel funktioniert genauso gut auch umgekehrt: Dann bist du das wilde Tier, die pure Gier, und dein Partner reagiert aus dem Kopf heraus, gibt sich ein bisschen weise, ist aber in jedem Fall meilenweit entfernt von seiner eigenen Lust, die du ihm wieder schenken willst. Werden beide Seiten wie Himmel und Hölle auf ewig miteinander ringen? Wer weiß? Sicher ist, dass Menschen mit der Venus im Zeichen Schütze oft solo leben, sehr selbstbewusst sind und von den lustvollsten Erfahrungen mit den unterschiedlichsten Partnern zu berichten wissen. Beweist das nicht, dass das Spiel zwischen Himmel und Hölle viel spannender ist als der brave Mittelweg?«

Venus-Check

Kann man mit dieser Venus gut allein sein? Kein Problem. Man findet immer Begleitung.

Braucht man mit dieser Venus Sicherheit? Keinesfalls, sondern Abenteuer.

Besteht diese Venus auf Treue? Nein, aber unbedingt auf Fairness.
Macht diese Venus eifersüchtig? Da muss man durch.
Findet man leicht einen Partner? Ja, und zwar rund um den Globus.

Venus im Zeichen Steinbock – Beherrschte Liebe

Venusstärken Entwicklungsfähig, tief, erdig,
verbunden, ehrgeizig, strebend
Venusschwächen Gefühlskalt, verstimmt, melancholisch

Die Botschaft der Venus lautet: »Partner, die beim Liebesakt wie
Hirsche röhren, ohne den anderen nicht einschlafen können und
nur aus Angst vor dem Alleinsein in einer Beziehung bleiben –
dies alles ist nicht deine Vorstellung von Liebe! Du nimmst die
Liebe selbst in die Hand, bestimmst, wie es läuft, und hast deine
Gefühle im Griff. Du kannst auch allein sein – weißt aber sehr
wohl, wie man sich eine(n) Liebhaber(in) besorgt.
Ein bisschen cool bist du auch. Der Steinbock ist ein Winterzeichen
und befindet sich als solches eher auf dem Rückzug, auf der Suche
nach Schutz. Damit kommt man aber schwer an dich heran. Das
musst du verstehen! Irgendwann in deinem Leben war es ›eiskalt‹.
Vielleicht wurde deine Liebe sogar schon als Kind missbraucht.
Sich zu schützen war lebenswichtig. Aber nichts bleibt immer so,
wie es ist. Selbst nach dem kältesten Winter folgt der Frühling.«

Venus-Check
Kann man mit dieser Venus gut allein sein? Ja, das ist sogar eine
Stärke.
Braucht man mit dieser Venus Sicherheit? Nein, man selbst ist
sicher.
Besteht diese Venus auf Treue? Ja, und zwar absolut. Untreue löst
den Rachereflex aus.
Macht diese Venus eifersüchtig? Nein, nicht besonders.
Findet man leicht einen Partner? Nein, dazu ist man zu anspruchs-
voll.

Venus im Zeichen Wassermann – Utopische Liebe

Venusstärken Frei, originell, fair, aufgeschlossen, unabhängig, kameradschaftlich
Venusschwächen Unpersönlich, distanziert, fremd, bindungsunfähig

Die Botschaft der Venus lautet: »Du bist wie jener Vogel, der freiwillig im Käfig bleibt und wunderschön zwitschert, solange die Tür sperrangelweit offen steht. Macht es ›schnapp!‹, die Tür ist zu, beginnt der Vogel zu kreischen und zu toben. Nichts zu machen! Deine Liebe ist klaustrophobisch. Manchmal flippst du schon aus, wenn jemand die Fenster schließt oder beim Schlafen den Arm um dich legt. Das hat überhaupt nichts mit mangelnder Liebe zu tun: Deine Liebesfähigkeit ist über jeden Zweifel erhaben. Aber du brauchst ›Luft‹, Spielraum, Freiheit. Eifersucht, Besitzanspruch, Zweisamkeit: Derartige Wörter haben in einer Beziehung nichts zu suchen. In Wirklichkeit klaffen Theorie und Praxis dann doch auseinander. Das ist aber kein Problem. Du darfst ruhig widersprüchlich sein, daran wächst du.«

Venus-Check

Kann man mit dieser Venus gut allein sein? Man kann, aber es passiert ziemlich selten.
Braucht man mit dieser Venus Sicherheit? Nein, die gibt es ohnehin nicht.
Besteht diese Venus auf Treue? Gefordert werden Fairness und Loyalität, die sind wichtiger als Treue.
Macht diese Venus eifersüchtig? »Nein!«, sagt man, fühlt aber ein »Ja«.
Findet man leicht einen Partner? Dabei gibt es keinerlei Probleme.

Venus im Zeichen Fische – Mystische Liebe
Venusstärken Hingebungsvoll, tief, selbstlos, mystisch,
sinnlich, verschmelzend
Venusschwächen Unklar, häufig wechselnde Beziehungen

Die Botschaft der Venus lautet: »Für dich existieren kaum Grenzen und keine Distanz. Genau genommen wächst deine Liebe sogar proportional zur Entfernung. In Liebessachen bist du ein Träumer und ziehst schmachtende Sehnsucht plattem ›Zweier-Einerlei‹ vor. Du fürchtest den Alltag, weil er dich aus deinen Träumen reißt. Da du die Liebe mystifizierst, gestattest du dir keine Grenzen. Wird dir alles zu viel, flüchtest du in deinen unsichtbaren Elfenbeinturm und spielst ›Mich versteht sowieso keiner‹. Lerne, dich klar abzugrenzen! Niemand liebt so selbstlos, so phantasievoll, zärtlich und innig. Du hast ein Recht auf schöpferische Pausen!«

Venus-Check
Kann man mit dieser Venus gut allein sein? O ja, im Grunde ist man immer allein.
Braucht man mit dieser Venus Sicherheit? Nein, an die glaubt man sowieso nicht.
Besteht diese Venus auf Treue? Nein, man kann auf gar nichts pochen!
Macht diese Venus eifersüchtig? Nicht wirklich, es schmerzt höchstens.
Findet man leicht einen Partner? Sicher, aber oft ist es der falsche.

Mars – Potent, sexy und dynamisch

Die Bedeutung des Mars

Rötlich funkelnd wie Feuer oder Blut, so präsentiert sich nur ein Gestirn am nächtlichen Himmel: der Planet Mars. Abhängig von seiner Nähe zur Erde verändert sich obendrein die Intensität. Menschen früherer Zeiten erschauerten daher, wenn sein Rot zunahm. Sie sprachen von einem zornigen Auge am Himmel und betrachteten es als böses Omen.

In klassischer Zeit galt Mars als Herr und Beschützer der Kriege. Hinter Mars stecken allerdings nicht nur bedrohliche Eigenschaften: So schickt er zum Beispiel zündende Ideen, verleiht Startkraft und schenkt Courage. Mars sorgt für den richtigen Biss, um sich behaupten und Rivalen aus dem Weg schlagen zu können. Er verleiht die für das Konkurrenzgerangel unerlässlichen »spitzen Ellenbogen« und programmiert auf Sieg. Er verkörpert das Urmännliche, den heldenhaften, schönen Jüngling genauso wie einen sexbesessenen Macho. Mars steht auch einfach für Libido und Potenz. In ganz besonderer Weise verrät die Marsposition die Art und Weise des Eroberungsspiels: Ob man direkt auf jemanden zugeht, abwartet oder gar zum Rückzug bläst, es ist Mars, der die Fäden in der Hand hält.

Mars ist ein absolut männlicher Planet, vielleicht der männlichste überhaupt. Frauen besitzen zwar genau wie Männer ihren Mars, aber eher als Potenzial, als Anlagebild, und neigen dazu, ihn nicht selbst auszuleben, sondern ihn zu projizieren. Sie suchen sich Männer, die ihrem Mars entsprechen. Über diesen Umweg hat er dann doch Anteil an ihrem Leben. Frauen, die Berufe ergreifen, welche früher eher als typisch männlich galten (im Management beispielsweise), leben ihren Mars weitgehend selbst. Er ist der regierende Planet des Widders und weist daher viele Wesenszüge dieses Tierkreiszeichens auf.

♂ Das astrologische Symbol besteht aus einem Kreis und einem Pfeil. Ersterer symbolisiert den Geist, Letzterer die Bewegung. Das Symbol in seiner Gesamtheit steht für einen bewegten und bewegenden Geist.

Auf den folgenden Seiten finden sich die zentralen Eigenschaften der Marsposition in einem Horoskop. Bei einer individuellen Anwendung ist ein weiteres Mal zu berücksichtigen, dass die Konstellation durch Verbindungen mit verschiedenen Gestirnen immer eine andere Nuance bekommen und im Einzelfall auch einmal stark von den hier genannten Interpretationen abweichen kann.

Ihre exakte Marsposition können Sie wieder über die Homepage des Autors herunterladen (www.bauer-astro.de).

Der Steinbock und seine Marszeichen

Mars im Zeichen Widder – Impulsiv

Marsstärken Energisch, kühn, mutig, stolz
Marsschwächen Streitsüchtig, egoistisch

Die Botschaft des Mars lautet: »Du verfügst über doppeltes Feuer, bist kämpferisch, mutig und furchtlos. Du machst fast vor nichts halt, bist ein Draufgänger, ein Held und Abenteurer, jemand, der nicht lange fackelt. Du willst nach deiner Fasson leben und sorgst dafür, dass dein Wille geschieht. Allerdings kann es sein, dass du mich (noch) nicht hast zu Wort kommen lassen, dass du dich und andere vor mir schützt, mich vielleicht unterdrückst oder verleugnest. Du hältst dich vielmehr für eine friedliche oder gehemmte Person.

Möglicherweise verspürst du gelegentlich ein inneres Rumoren, es packt dich ein Beben, das in einen völlig unerwarteten Wutausbruch mündet. Wahrscheinlich steigt dir diese eingesperrte Power in den Kopf und macht sich dort schmerzhaft bemerkbar. Sei, wie du bist. Gib nach, verschaff dieser Kraft rechtzeitig Raum – und dir Luft!

Was hilft, ist eine Tätigkeit, die dir möglichst viel Freiheit lässt. Erleichterung findest du auch über sämtliche aktiven Sportarten. Am wichtigsten aber ist, dass du mit der Zeit mehr und mehr zu mir und damit zu dir stehst, dir mehr zutraust, öfter mal über die Stränge schlägst und dich nicht dafür tadelst, wenn dein ›marsischer‹ Anteil über dich kommt.«

Mars-Check

Wie gut setzt man sich mit diesem Mars durch? Die Voraussetzungen sind exzellent.

Wie aggressiv macht dieser Mars? Sehr, sofern man sich nicht auslebt.

Wie viel Sexpower bekommt man mit ihm? Jede Menge, vorausgesetzt, man unterdrückt sich nicht selbst.

Mars im Zeichen Stier – Beharrlich

Marsstärken Ausdauernd, zäh, sinnlich
Marsschwächen Jähzornig, gierig, stur

Die Botschaft des Mars lautet: »Die Kombination meines Feuers mit der Erde des Stiers verleiht dir die Stärke eines mittleren Erdbebens. Was du anpackst, ziehst du auch durch, denn du hast nicht nur Kraft, sondern bist auch zäh und ausdauernd. Dein Feuer brennt nicht lichterloh, um dann rasch in sich zusammenzufallen. Es gleicht einer beständigen Glut. Darüber hinaus bringt die Begegnung mit mir und dem Stier eine betont sinnliche Komponente in dein Dasein. Als dritte Haupteigenschaft verfügst du über einen enormen Erwerbstrieb: Dein Lebtag lang arbeitest du für Sicherheit, Geld, ein Haus, Luxus oder was auch immer. Du bist dazu geboren, das Fleckchen Erde, auf dem du lebst, in ein blühendes Paradies zu verwandeln.

Möglicherweise führe ich bei dir aber ein Schattendasein, und du kennst mich noch gar nicht richtig. Vielleicht schätzt du dein Leben überhaupt nicht als übermäßig sinnlich ein oder bezeichnest dich sogar als arm. Aber das heißt nur, dass du mich noch nicht gefunden hast. Doch ich bin da. Meine kolossale Kraft, meine Sinnlichkeit und der Zug zum Reichtum schlummern in dir.

Was dir hilft, mich zu aktivieren, sind körperliche Bewegung und Kontakt mit der Natur. Am wichtigsten aber ist, dass du an mich glaubst und in deinem Denken und Handeln Raum für mich schaffst.«

Mars-Check

Wie gut setzt man sich mit diesem Mars durch? Stark wird man bei Angriffen.

Wie aggressiv macht dieser Mars? Sehr, wenn man gereizt wird.

Wie viel Sexpower bekommt man mit ihm? Darüber muss kein Wort verloren werden. Oder höchstens eines: viel!

Mars im Zeichen Zwillinge – Verspielt

Marsstärken Gewandt, neugierig, vielseitig

Marsschwächen Unkonzentriert, zerstreut

Die Botschaft des Mars lautet: »Ich helfe dir dabei, ein unternehmerischer, vielseitig interessierter und talentierter Mensch zu sein. Mein Feuer in Verbindung mit der Luft des Zwillingezeichens macht dich mutig und unerschrocken. Die beiden Elemente ergeben eine sehr günstige Mischung: Feuer braucht Luft. Im übertragenen Sinne bedeutet Luft Kommunikation. Daraus folgt, dass du vitaler, lebendiger und feuriger wirst, sobald du unter Menschen bist. Hingegen dämpft Alleinsein dein Temperament. Oder die Gedanken beginnen zu rotieren, und du kannst deinen Kopf nicht mehr abschalten.

Deine ohnehin vorhandene Neugier wird durch mich noch beflügelt. Dein Interesse an allem lässt sich jedoch nur im Kontakt mit deiner Außenwelt ausreichend befriedigen. Allerdings kann es auch sein, dass du mich noch gar nicht richtig entdeckt hast und mich daher nicht ausleben kannst. Dein eigenes Leben kommt dir vielleicht überhaupt nicht übermäßig interessant und abwechslungsreich, sondern eher ziemlich öde vor. Dann ist es höchste Zeit, mich ans Licht zu holen. Du spürst womöglich schon, wie ich in deinem Innern rumore.

Was dir hilft, mich zu ›wecken‹, sind Atemübungen und viel körperliche Betätigung an der frischen Luft. Am wichtigsten aber ist, dass du an mich glaubst und in deinem Denken und Handeln Raum für mich schaffst.«

Mars-Check

Wie gut setzt man sich mit diesem Mars durch? Auf den Mund gefallen ist man mit ihm auf keinen Fall.

Wie aggressiv macht dieser Mars? Man schimpft höchstens einmal kräftig.

Wie viel Sexpower bekommt man mit ihm? Sex macht Spaß. Man hat viel Lust dazu, übertreibt's aber nicht.

Mars im Zeichen Krebs – Gefühlvoll

Marsstärken Emotional, eruptiv
Marsschwächen Schwierig, gebremst, »zickig«

Die Botschaft des Mars lautet: »Wir beide haben es nicht ganz leicht miteinander. Das Wasser des Krebszeichens kann mein Feuer zum Erlöschen bringen. Dann bist du ein Mensch, der Schwierigkeiten hat, seinen Willen durchzubringen, notfalls mal die Ellenbogen einzusetzen, sich zu behaupten. Denn das sind die Eigenschaften, die ich verleihe. Zugleich aber bist du vermutlich innerlich gespannt, spürst Wut, Frustration und Ungenügen und kannst damit aber nicht richtig herausrücken. Du kannst allerdings auch diese feurigen Eigenschaften in dir transformieren. Du wirst jedoch nicht so direkt und forsch handeln, wie es diese Attribute ungebremst ermöglichen würden. Dafür besitzt du dann aber ein tiefes Gefühlsleben. Du bist so in positivster Weise ein Mensch, der tief in sich hineinschaut und seine Seele wie auch die anderer kennt.

Wenn du mich so lebst und erlebst, bist du ein rezeptiver, kreativer Mensch, einer, der durch sein Mitschwingen mit anderen und sein psychologisches Gespür am Ende genauso viel erreicht wie Menschen mit anderen Marspositionen. Allerdings kann es auch sein, dass ich bei dir noch ein Schattendasein führe. Du schätzt mich nicht und versuchst, mich durch effektiveres Verhalten zu ersetzen. Nur funktioniert das so eben nicht: Am Ende wirst du noch unsicherer sein.

Steh zu mir, deinem Mars! Lebe mich mit all meinen Widersprüchen. Befass dich mit Psychologie. Das hilft dir, dich selbst besser zu verstehen.«

Mars-Check
Wie gut setzt man sich mit diesem Mars durch? Es fällt einem schwer, sich auf direktem Weg durchzusetzen.
Wie aggressiv macht dieser Mars? Es dauert eine Weile, bis man wütend wird, dann aber richtig.
Wie viel Sexpower bekommt man mit ihm? Man ist sehr erotisch, wenn man sich sicher fühlt.

Mars im Zeichen Löwe – Imposant
Marsstärken Selbstbewusst, herzlich, stolz
Marsschwächen Selbstsüchtig, eitel

Die Botschaft des Mars lautet: »Du verfügst über doppeltes Feuer. Ich, der feurige Planet, begegne dem Löwen, einem dem Element Feuer zugehörenden Zeichen. Feuer trifft also auf Feuer, vereinigt sich, wird zur lodernden Flamme. Da Feuer ein Symbol gleichermaßen für Tatkraft wie geistige Regsamkeit ist, musst du ein dynamischer, unternehmungsfreudiger Mensch sein, dessen Wirken durchdrungen ist von geistiger Weitsicht und Größe. Deinen hohen Ansprüchen, mit denen du um die Durchsetzung deiner

Ziele kämpfst, stehen eine einnehmende Herzlichkeit und eine lockere, beinah spielerische Haltung gegenüber. Man könnte meinen, deine Erfolge fielen dir einfach in den Schoß. Aber du bekommst nichts ›gratis‹. Du bist dem Leben und anderen Menschen gegenüber immer hilfsbereit und großzügig, und das gibt dir das Leben zurück. Solltest du dich in diesem Bild nicht wiederfinden und dich vom Leben eher benachteiligt als beschenkt fühlen, führe ich bei dir ein Schattendasein. Du hast mich noch gar nicht richtig entdeckt und kannst mich daher nicht ausleben.

Was dir hilft, mich in Gang zu bringen, ist Bewegung, Tanz, aktiver Sport. Vor allem aber musst du direkter, spontaner und selbstbewusster werden. Du musst dich mit mir in deinem Inneren verbinden – es ist alles da, was du dazu benötigst.«

Mars-Check

Wie gut setzt man sich mit diesem Mars durch? Das bereitet überhaupt keine Probleme.

Wie aggressiv macht dieser Mars? Man lässt sich nicht leicht aus der Ruhe bringen. Ist es aber einmal so weit, dann kracht's.

Wie viel Sexpower bekommt man mit ihm? Starken Partnern schenkt man alles. Schwächlinge schläfern ein.

Mars im Zeichen Jungfrau – Bedacht

Marsstärken Geistig fit, vernünftig, aktiv, arbeitsmotiviert, fleißig
Marsschwächen Zwanghaft, überängstlich

Die Botschaft des Mars lautet: »Feuer und Erde verbinden sich, wenn ich bei der Jungfrau, einem Erdzeichen, Station mache. Feuer und Erde zusammen wecken Aktivität, Arbeitswillen, Genauigkeit und Realitätssinn. Dein Feuer gleicht einer anhaltenden Glut. Das formt dich zu einem Menschen, der gern und gut arbeitet, ausdauernd und präzise ist, strategisch vorgeht und sich nicht unüberlegt in seine Arbeit stürzt. Diese Konstellation macht dich auch vorsichtig. Das kann unter Umständen in Kleinlichkeit und Angst ausarten. Ebenso mag eine übertrieben kritische Haltung sich selbst und anderen gegenüber die Folge sein. Du brauchst daher ein Ventil, etwas, das dir erlaubt, mich ohne zu viel Kontrolle und Analyse ausleben zu können, zum Beispiel beim Sport oder anderen körperlichen Aktivitäten. Auch riskante Freizeitbeschäftigungen (Paragliding, Klettern) sind für uns beide geeignet: Du passt nämlich gut auf dich auf, und meinen Ansprüchen geschieht Genüge. Das wiederum kommt, zusammen mit der Jungfrauenergie, deinem Schaffen zugute.

Du solltest auch einen Weg finden, deine Wut und deine Verletzungen besser zu zeigen. Du neigst nämlich dazu, deine Aggressionen zu unterdrücken und irgendwo zu ›bunkern‹ – bis dann das Maß voll ist und du wegen einer Kleinigkeit explodierst.«

Mars-Check

Wie gut setzt man sich mit diesem Mars durch? Das fällt leider nicht leicht.

Wie aggressiv macht dieser Mars? Es dauert eine ganze Weile, bis es zur Explosion kommt.

Wie viel Sexpower bekommt man mit ihm? Man ist weder Hengst noch Schnecke. Auf jeden Fall macht Erfolg sexy.

Mars im Zeichen Waage – Charmant

Marsstärken Lebhaft, gesellig, beliebt, ausgleichend, korrekt
Marsschwächen Ausschweifend, untreu, unmäßig

Die Botschaft des Mars lautet: »In dieser Position vereinigen sich mein Feuer und die Luft der Waage. Davon profitieren beide Elemente, und sie werden aufgewertet. Du bist daher ein leichter, ›luftiger‹ Mensch von sanguinischem Temperament und besitzt die Gabe, andere rasch für dich einzunehmen. Dein Auftreten ist charmant, einfühlsam, zuvorkommend. Ein weiteres Plus dieser Position ist ein guter Geschmack und künstlerisches Talent.

Mit mir im Zeichen Waage wirst du zu einem Streiter für Frieden und Ausgleich. Wo immer Ungerechtigkeiten und Zwietracht herrschen, fühlst du dich aufgerufen, zu schlichten und zu versöhnen. Zuweilen breche ich aber auch bei dir in all meiner Heftigkeit durch, nämlich dann, wenn du zu lange versucht hast, mich zu kontrollieren und zu unterdrücken.

Mit mir kommt auch dein Denken schwer in Gang. Du glaubst, alle Probleme mit dem Kopf lösen zu können. Wichtig ist, dass du dir für ›deinen Mars‹ ein Ventil suchst. Man kann mich nicht zu permanenter Friedfertigkeit verdonnern. Aber wenn du mich anderweitig lebst, beim Sport, bei abenteuerlicher Freizeitgestaltung, dann gelingt es dir besser, mich für deine pazifistischen Missionen einzuspannen.«

Mars-Check
Wie gut setzt man sich mit diesem Mars durch? Als guter Taktiker beißt man sich durch.
Wie aggressiv macht dieser Mars? Der Grundtenor ist friedlich. Gelegentliche Eruptionen sind nicht ausgeschlossen.
Wie viel Sexpower bekommt man mit ihm? Sex ist da. Gesucht aber wird geistiges Verstehen.

Mars im Zeichen Skorpion – Leidenschaftlich
Marsstärken Kraftvoll, ausdauernd, hartnäckig, furchtlos, mutig
Marsschwächen Lasterhaft, rachsüchtig

Die Botschaft des Mars lautet: »Dir steht durch mich eine besondere, eine starke, vitale Kraft zur Seite. Du bist ausgesprochen zäh, wenn es um die Verwirklichung eines Zieles geht, an dem dir auch emotional liegt. Selbst Mühen und Unannehmlichkeiten, mit denen sich andere Menschen nicht belasten würden, nimmst du dann gern in Kauf. Nicht verwunderlich, dass diese Hartnäckigkeit mitunter zu außerordentlichen Leistungen führt! Dennoch bist du kein Kraftprotz, einer, der die Muskeln spielen lässt und bei jeder Gelegenheit zeigen will, was er draufhat.

Der Skorpion ist vom Element her ein Wasserzeichen. Daher ist meine Kraft nicht auf äußere Wirkung aus. Meine Power geht nach innen. Diese Position führt dazu, dass du instinktmäßig weißt, wann dein Einsatz erforderlich ist, wann etwas Bedeutsames und Wichtiges ansteht und erledigt werden muss: Dann wirst du zum ›Helden‹. Daher ist dir zu raten, entsprechende Herausforderungen zu suchen und anzunehmen. Nur dann stehe ich voll auf deiner Seite. Ohne solche Kicks wirst du eher müde und lustlos reagieren. In der Verbindung zwischen Skorpion und mir besteht eine starke Neigung zur Zerstörung. Das ist immer dann gut, wenn etwas alt, verbraucht, überholt und ein neuer Anfang angezeigt ist. Aber hüte dich vor sinnloser Destruktion!

Mit dieser Konstellation verfügst du auch über eine kolossale Sexpower. Du bist leidenschaftlich, triebstark und letztendlich beseelt von der Idee, Nachwuchs in die Welt zu setzen.«

Mars-Check

Wie gut setzt man sich mit diesem Mars durch? Man operiert mit seiner Power indirekt und drückt so seinen Willen durch.

Wie aggressiv macht dieser Mars? Der Zerstörungskraft sind kaum Grenzen gesetzt.

Wie viel Sexpower bekommt man mit ihm? Mehr als alle anderen.

Mars im Zeichen Schütze – Temperamentvoll

Marsstärken Schlagfertig, gerecht, begeisterungsfähig, klar, offen
Marsschwächen Streitbar, aggressiv, beleidigend

Die Botschaft des Mars lautet: »Hier trifft Feuer auf Feuer, denn sowohl ich als auch der Schütze sind ihrer Natur nach feurig. Eine lodernde Flamme entsteht. Und im Zeichen Schütze manifestiere ich mich mit besonderer Intensität. Da Feuer ein Symbol gleichermaßen für Tatkraft wie geistige Regsamkeit ist, wirst du ein dynamischer, unternehmungsfreudiger Mensch, dessen Wirken durchdrungen ist von geistiger Weitsicht und Größe. Dein Handeln und Wirken wird stark von Idealen geleitet: von Gerechtigkeit, Ritterlichkeit und Fairness. Du bist leicht zu begeistern und, einmal in Schwung, kaum zu bremsen. Was du brauchst, ist ein Ziel, eine Hoffnung, eine Perspektive, sonst erlischt dein Feuer.

Allerdings kann es auch sein, dass dein Mars noch ein Schattendasein führt, dass du mich noch gar nicht richtig entdeckt hast. Vielleicht meinst du, keineswegs feurig oder übermäßig aktiv zu sein, sondern erlebst dich eher als passiven Zeitgenossen. Dies hieße dann, dass du einen Teil deines Selbst negierst – und dich auf die Suche nach mir, deinem Mars, begeben solltest.

Was dir hilft, mich zu initiieren, sind Bewegung, Tanz, aktiver Sport und Reisen. Vor allem aber solltest du direkter, spontaner und selbstbewusster werden. Du musst dich mit mir in deinem Inneren verbinden. Es ist alles vorhanden, was du brauchst.«

Mars-Check

Wie gut setzt man sich mit diesem Mars durch? Das klappt gut, solange Fairness herrscht.

Wie aggressiv macht dieser Mars? Zu streiten lohnt sich nur für eine gute Sache. *Wie viel Sexpower bekommt man mit ihm?* Mit Sex ist man dem Himmel nah.

Mars im Zeichen Steinbock – Hartnäckig

Marsstärken Verantwortungsvoll, geduldig, zäh, mutig, tatkräftig
Marsschwächen Eigenwillig, missmutig

Die Botschaft des Mars lautet: »Das ist eine Verbindung von Feuer und Erde, da der Steinbock zu den Erdzeichen zählt. Feuer und Erde zusammen wecken Arbeitswillen, Genauigkeit und Realitätssinn. Dein Feuer brennt nicht lichterloh (um sich dann rasch zu verzehren), sondern lang anhaltend wie eine wohlgeschürte Glut. Das macht dich zu einem Menschen, der gern und gut arbeitet, ausdauernd und präzise ist, strategisch vorgeht und sich nicht unüberlegt in seine Arbeit stürzt. Du bist auch extrem widerstandsfähig. Man kann dich mit einem Diamantbohrer vergleichen, der sich in eine Sache unaufhaltsam hineinfrisst. Und du bist erfolgreich. Du verfügst über die entsprechende Motivation und ein Gespür für Machtverhältnisse.

Diese Konstellation bedeutet aber auch, dass ein Wandel vonstattengehen muss. Aus einer impulsiven, feurigen, leicht erregbaren, leidenschaftlichen Energie wird eine kontrollier- und regelbare Kraft, die sich einer höheren Absicht fügt und dem Allgemeinwohl dient. Du darfst allerdings die ursprüngliche Qualität von mir, deinem Mars, nicht vollständig verlieren. Das würde zu Aggressionsstau und unter Umständen sogar zu gesundheitlichen Problemen führen.

Es ist also wichtig, dass du dir für die transformierten Eigenschaften ein Ventil suchst. Wenn du sie anderweitig lebst, beim Sport oder bei abenteuerlicher Freizeitgestaltung, dann gelingt es dir besser, mich für deine höheren Zwecke einzuspannen.«

Mars-Check
Wie gut setzt man sich mit diesem Mars durch? Harte Arbeit führt zum Ziel.
Wie aggressiv macht dieser Mars? Eigentlich ist man friedlich und lässt sich ungern provozieren.
Wie viel Sexpower bekommt man mit ihm? Wenn die Verhältnisse stimmen, kommt es zu Gipfelerlebnissen!

Mars im Zeichen Wassermann – Einfallsreich

Marsstärken Aufgeweckt, innovativ, selbständig, schöpferisch
Marsschwächen Prahlerisch, eingebildet

Die Botschaft des Mars lautet: »Es vereinigen sich Feuer (Mars) und Luft (Wassermann). Diese Kombination kommt beiden Elementen zugute und wertet sie auf. Du bist daher ein leichter, ›luftiger‹ Mensch, der über die Gabe verfügt, andere für sich einzunehmen. Dein Auftreten ist charmant, einfühlsam und zuvorkommend. Alltag, graues Einerlei, tägliche Routine sind dir ein Greuel. Du möchtest Neues erschaffen, eingefahrene Gleise verlassen, originell und schöpferisch sein. Freiheit ist für dich überaus wichtig. Du arbeitest besser, wenn dich nicht ständig jemand gängelt. Du bist der geborene ›Freelancer‹. Dein ausgeprägtes Improvisationstalent ermöglicht dir, originelle und unkonventionelle Lösungen zu finden, wenn du nicht durch Vorgaben eingeschränkt wirst. Auch in Beziehungen wird es schnell zu eng. Eine Ehe bereitet dir ebenfalls Probleme; du fühlst dich unfrei, wie ›eingesperrt‹.

Vielleicht aber entspricht diese Charakterisierung nicht deinem Selbstbild: Weder schätzt du dich als unabhängig oder freiheitsliebend noch als übermäßig schöpferisch ein. Dann ist zu vermuten, dass dein Mars noch auf seine Entdeckung wartet. Mach dich auf die Suche!

Was dir hilft, mich zu aktivieren, ist Bewegung, vor allem Tanz. Noch wichtiger aber wird es sein, unkonventioneller und spontaner zu werden. Du musst dich mit mir in deinem Inneren verbinden. Es ist alles da, was du dazu benötigst.«

Mars-Check

Wie gut setzt man sich mit diesem Mars durch? Genialität ist vorhanden, aber nicht unbedingt Durchsetzungskraft.

Wie aggressiv macht dieser Mars? Ein solches Verhalten ist undenkbar.

Wie viel Sexpower bekommt man mit ihm? Sex ist schön, aber längst nicht alles.

Mars im Zeichen Fische – Abwartend

Marsstärken Empfänglich, intuitiv, einfühlsam, kreativ
Marsschwächen Willensschwach, beeinflussbar,
leicht zu täuschen

Die Botschaft des Mars lautet: »Mein Feuer und das Wasser der Fische treffen aufeinander. Das kann dazu führen, dass das Feuer zunächst einmal erlischt. Dann bist du ein Mensch, der Schwierigkeiten hat, seinen Willen durchzusetzen, die ›Ellenbogen‹ zu benutzen, sich zu behaupten – denn all dies sind Eigenschaften, die ich, der Planet Mars, verleihe. Gleichzeitig fühlst du dich jedoch innerlich gespannt, spürst Wut, Frustration und Ungenügen, aber du kannst damit nicht richtig herausrücken.

Es gibt allerdings auch die Möglichkeit, diese Qualitäten zu transformieren. Du wirst dann zwar noch lange nicht so direkt und forsch handeln können, wie es die ungebremsten Eigenschaften ermöglichen würden. Dafür gewinnst du eine andere Fähigkeit, nämlich ein kolossales Gespür. Das Fischezeichen ist seinem Wesen nach transparent, es besitzt keine klaren Grenzen, versetzt daher in die Lage, sich universell zu vernetzen. Du hast also eine Art sechsten Sinn, spürst andere Menschen, die sich nicht einmal in der Nähe aufhalten.«

Mars-Check

Wie gut setzt man sich mit diesem Mars durch? Das macht Probleme. Es gelingt nur dann wirklich, wenn man von der Sache hundertprozentig überzeugt ist.

Wie aggressiv macht dieser Mars? Es dauert ewig, bis man aus der Haut fährt.

Wie viel Sexpower bekommt man mit ihm? Sex ist wunderbar, aber er ist nicht alles.

Jupiter – Innerlich und äußerlich reich

Die Bedeutung Jupiters

Nachts, wenn Venus nicht mehr (oder noch nicht) am Himmel leuchtet, ist Jupiter eins der hellsten Gestirne überhaupt. Kein Wunder daher, dass er unseren Vorfahren, die der Nacht in viel umfassenderem Maße ausgeliefert waren als wir heute in unserer künstlich erhellten Zeit, ein Symbol für Hoffnung, Trost, Stimmigkeit und Gerechtigkeit war. Oft verband man ihn mit der obersten Gottheit.

So auch in der griechischen Mythologie, auf die sich die Symbolik der Astrologie entscheidend bezieht. Jupiter heißt bei den Griechen »Zeus«, und über ihn gibt es unzählige Mythen. So war er es, der gegen seinen grausamen Vater Saturn(us) bzw. Kronos, den obersten der Titanen, antrat und ihn besiegte. Saturn hatte nämlich außer Zeus alle seine Nachkommen aufgefressen, weil ihm geweissagt worden war, dass ihn eines seiner Kinder vom Throne stoßen würde. Rheia, Zeus' Mutter, versteckte ihren Sohn vor dem Vater, und die Prophezeiung erfüllte sich: Zeus entthronte ihn und warf ihn in den Tartaros.

Andere Geschichten über Jupiter/Zeus erzählen eher Delikates. So gelüstete es den obersten Gott immer wieder nach weltlichen Frauen, die er durch List dazu brachte, mit ihm zu schlafen und Kinder von ihm zu empfangen. Bei Leda zum Beispiel verwandelte er sich in einen Schwan und zeugte mit ihr Pollux. Auch Herakles und Dionysos entstammten seinem gemeinsamen Lager mit sterblichen Frauen. Gezeugt durch den unsterblichen Jupiter, erlangten seine Kinder ebenfalls das ewige Leben.

Die Position Jupiters im Horoskop verweist daher einerseits auf tiefe Einsichten: Jupiter sorgt dafür, dass einem »ein Licht aufgeht«, man letzten Endes weise wird. Auf der anderen Seite verkörpert er eine Gestalt, der eine unendlich große Liebe zukommt. Sinnbildlich gesprochen, sehnt sich der Mensch danach, sich mit dem göttlichen Jupiter zu vereinigen, um Kinder (symbolisch für Ideen und Taten) zu gebären, die unsterblich sind.

Des Weiteren symbolisiert Jupiter den großen Helfer, Heiler und

Versöhner. Dort, wo er im Horoskop steht, findet der Mensch Kräfte, sich und andere zu trösten und zu stärken. Am bekanntesten ist Jupiter in der Astrologie aber deswegen, weil er das Glück verheißt.

♃ Das astrologische Symbol Jupiters besteht aus einem Halbkreis (er repräsentiert seelische Empfänglichkeit) und einem Kreuz, das wieder die Materie symbolisiert. Der Halbkreis neben dem Kreuz bedeutet: Das Seelische und die Materie gelten als gleichwertig, keines überragt das andere.

Wie zuvor bei Aszendent, Mond, Venus und Mars lässt sich die genaue Jupiterposition eines Horoskops mit Hilfe der Website des Autors ermitteln (www.bauer-astro.de).

Der Steinbock und seine Jupiterzeichen

Jupiter im Zeichen Widder – Das Glück der Inspiration
Jupiterstärken Selbstvertrauen, Optimismus
Jupiterschwächen Prahlerei

Die Botschaft Jupiters lautet: »Glück ist für dich die Möglichkeit, deinen Willen und deine Impulse spontan und unmittelbar umsetzen zu können. Du bist ein Abenteurer, in Wirklichkeit wie im Geiste. Du möchtest wie Kolumbus die Welt entdecken. Und wie Einstein, Hildegard von Bingen oder Galileo Galilei den Gipfel menschlicher Erkenntnis erreichen. Wenn du dich bewegst, geistig wie körperlich, bist du deinem Schöpfer am nächsten. Stillstand hingegen führt zur Resignation; du fühlst dich fern vom großen Ganzen.

Durch deine optimistische und positive Weltauffassung bist du dafür bestimmt, anderen voranzugehen oder ihnen den Weg zu weisen. Es schlummert auch ein Heiler und Prophet in dir, der im Laufe deines Lebens geweckt werden will. Bevor du allerdings selbst ein Heiler sein kannst, brauchst du Persönlichkeiten, die dir auf deinem Weg ein Vorbild sind. Mit der Gabe, andere zu führen, musst du behutsam umgehen. Hüte dich davor, sie zu blenden oder sich über ihr Unwissen zu erheben. Du darfst die Demut nie verlieren, und du darfst nicht vergessen, dass du selbst auch ein Suchender bist.«

Jupiter-Check
Wie wird man mit Jupiters Hilfe innerlich und äußerlich reich?
Durch Handeln, Reisen, Unternehmungen, Initiativen.
Wie lässt sich mit diesem Jupiter helfen und heilen? Durch Körpertherapie, Yoga, Sport, Wärme, Motivation anderer, tatkräftiges Unterstützen, Zusprechen von Mut.

Jupiter im Zeichen Stier – Das Glück der Erde
Jupiterstärken Geduld, Großzügigkeit
Jupiterschwächen Bequemlichkeit

Die Botschaft Jupiters lautet: »Dein Glück liegt im ungestörten Genuss. Überfluss und Sicherheit bedeuten für dich die Erfüllung deiner Wünsche. Du bist geduldig. Wie ein Gärtner sorgfältig Samen und Pflanzen hegt, damit sie zur vollen Größe heranwachsen können, so überwachst du dein Hab und Gut, deine Anlagen und Talente und entwickelst sie zur vollen Reife. Der Vergleich mit dem Gärtner ist auch in anderer Hinsicht passend. Denn du liebst die Natur. Eine Waldlichtung im Frühling erscheint dir wie ein Dom, und du bist deinem Schöpfer vielleicht näher als in einer Kirche. Die Natur zeigt die Ordnung, Stimmigkeit und Erfüllung. Und die Natur heilt. Sie heilt dich, wenn du erschöpft oder krank bist. Du brauchst dich nur unter einen Baum zu legen, und du fühlst dich sofort besser. In der Natur findest du aber auch die Stoffe, um andere zu heilen. Nahrung, Heilkräuter, homöopathische Essenzen: Alles erhält durch Jupiter eine höhere Potenz, heilt und macht ganz.
Wovor du dich hüten musst, ist, Besitz zu horten. Ein Baum sammelt nicht die Erde, die ihn hält, er benutzt sie, um in den Himmel zu wachsen.«

Jupiter-Check
Wie wird man mit Jupiters Hilfe innerlich und äußerlich reich?
Durch Geduld und Nähe zur Erde. Durch materiellen Wohlstand.
Durch Liebe und Sinnlichkeit.
Wie lässt sich mit diesem Jupiter helfen und heilen? Mit den Heil-
kräften der Natur.

Jupiter im Zeichen Zwillinge – Das einfache Glück
Jupiterstärken Begeisterungsfähigkeit
Jupiterschwächen Ruhelosigkeit

Die Botschaft Jupiters lautet: »Dein Glück findest du im Alltäg-
lichen, auf einem Wochenmarkt, im Zug, bei einer Unterhaltung
mit Freunden und Bekannten. Aber auch zu Menschen, die du
noch nicht kennst, findest du rasch einen Bezug und große Nähe.
Dieses ›kleine Glück‹ bedeutet dir mehr, als nach großer und absoluter Erfüllung zu suchen. Du verfügst über eine enorme sprach-
liche Begabung, kannst gut schreiben, formulieren und sprechen.
Um dich wohl zu fühlen, brauchst du die Geselligkeit, verbalen
Austausch und lebendige Kommunikation. Unter Menschen findest du zu dir und fühlst dich aufgehoben. Allein hingegen ver-
lierst du deine innere Sicherheit und den tiefen Glauben, dass alles
sinnhaft ist und von einem höheren Willen getragen wird. Daher
ist es auch deine Aufgabe, andere miteinander zu verbinden, damit
sie sich nicht als isoliert erleben. Der Mensch ist ein soziales
Wesen. Er wächst in einer Familie auf, schafft sich später seine
eigene Familie, seine Arbeitswelt, seine Freunde. Du bist auf der
Welt, um andere aus ihrer Einsamkeit zu befreien, in die sie irr-
tümlicherweise geraten sind.«

Jupiter-Check

Wie wird man mit Jupiters Hilfe innerlich und äußerlich reich? Im Kleinen, in den Dingen, die sich im Umfeld befinden. Und in der Begegnung mit anderen.

Wie lässt sich mit diesem Jupiter helfen und heilen? Durch gute Worte, aufmunternden Zuspruch, durch Zuhören und Teilnahme. Durch Verbinden und Vernetzen.

Jupiter im Zeichen Krebs – Das Glück der Geborgenheit

Jupiterstärken Suggestivwirkung, Phantasie
Jupiterschwächen Gefühlspathos, Missbrauch

Die Botschaft Jupiters lautet: »Wenn du fühlst, bist du. Man kann dich einen ›Seelentaucher‹ nennen, denn deine liebste Beschäftigung ist es, dich in deine eigene oder die Seele anderer zu vertiefen. Eine gesunde und heile Psyche ist für dich unerlässlich, um zufrieden zu sein. Auch Menschen aus deinem Umfeld wenden sich an dich, weil sie intuitiv spüren, dass du ihnen helfen kannst, ihr Innenleben zu heilen.

In der Familie siehst du den Anfang allen Glücks, aber auch allen Elends. Sosehr du sie schätzt, so fern liegt es dir, nur dein eigenes Nest zu bewundern. Im Gegenteil, fremde Sitten und Gewohnheiten sind dir ebenso wichtig wie die eigenen. Am liebsten würdest du in einer Gemeinschaft leben, die von Menschen unterschiedlichster Herkunft getragen wird.

›Geborgenheit‹ ist für dich kein leeres Wort, sondern ein anderer Ausdruck für ›Erfüllung‹, ›Heimat‹, ›Göttlichkeit‹ und ›Ewigkeit‹. Wie ein Seismograph erspürst du daher Unstimmigkeiten in deinem Umfeld, die disharmonisch sind und den Frieden stören können. Deine großen heilerischen Fähigkeiten ermöglichen es, solche Störungen sichtbar zu machen. Hüten musst du dich aber davor, als Retter aufzutreten. Du bist wahrhaftig, wenn du alles einfach nur geschehen lässt.«

Jupiter-Check
Wie wird man mit Jupiters Hilfe innerlich und äußerlich reich? Im
Fühlen, in der Liebe, im Geben, in der Familie, in der Vergangen-
heit, bei den Ahnen.
Wie lässt sich mit diesem Jupiter helfen und heilen? Durch auf-
deckende Gespräche.

Jupiter im Zeichen Löwe – Das Glück der Herzensfreude
Jupiterstärken Herzenswärme, Großmut
Jupiterschwächen Eitelkeit, Dünkel

Die Botschaft Jupiters lautet: »Glück bedeutet für dich, dass du die
Möglichkeit hast, spontan und großzügig schenken zu können.
Äußere Werte sind dir deshalb nicht unwichtig, denn nur wer hat,
kann auch geben. Aber du bist absolut kein Materialist, im Gegenteil: Wenn du nach Macht und Einfluss strebst, dann nicht in erster Linie um persönlicher Vorteile willen, sondern weil du überzeugt bist, anderen etwas geben zu können. Du verbreitest
Optimismus. Deine Bestimmung ist es, anderen die Freude am
Leben zu zeigen. So wie ich, dein Jupiter, einst die Schreckensherr-
schaft Saturns beendet habe und den Menschen eine gütigere,
gerechtere Zeit brachte, so bist du auf der Welt, um Menschen zu
erheitern, Sorgen und Kummer zu vertreiben.
Hüten musst du dich vor Stolz und Überheblichkeit. Bleib gütig!
Trag das Feuer der Freude unter die Menschen, aber achte darauf,
dass du niemanden damit verbrennst!«

Jupiter-Check
Wie wird man mit Jupiters Hilfe innerlich und äußerlich reich?
Durch lebendige Teilnahme am Leben, Großzügigkeit und die
Kraft des Herzens.
Wie lässt sich mit diesem Jupiter helfen und heilen? Indem man
anderen das Leben als nährenden Urgrund zeigt, als göttlichen
Spielplatz.

Jupiter im Zeichen Jungfrau – Das Glück der Unschuld

Jupiterstärken Engagement, Bescheidenheit
Jupiterschwächen Zersplitterung

Die Botschaft Jupiters lautet: »Glück ist für dich die einfachste Sache der Welt, es liegt vor der Tür, es braucht nur gefunden und aufgehoben zu werden. Einzige Voraussetzung: Man muss unschuldig sein wie ein Kind. Du bist daher auch kein Freund großangelegter und sich ewig hinziehender Expeditionen auf der Suche nach dem Glück. Entweder es ist hier – oder nirgends.

Insbesondere die Natur ist dir ein genialer Lehrmeister. Die Folge der Jahreszeiten, das Ineinandergreifen von Phasen des Wachstums und der Stagnation: Das alles ist für dich ein Ausdruck göttlicher Ordnung, die sich tagtäglich und jahraus, jahrein wiederholt. Auf besondere Weise faszinieren dich aber auch die Vorgänge im Zusammenhang mit dem menschlichen Körper. Dieses tagtägliche Wunder von Nahrungsaufnahme und Verwandlung in Leben, das Zusammenwirken Tausender Prozesse – all dies sind für dich sinnhafte Beweise göttlichen Wirkens.

Deine Kenntnisse befähigen dich zum Heiler. Schon durch deine Nähe initiierst du bei anderen die Genesung. Wovor du dich hüten musst, ist, dein Wissen zu missbrauchen. Wirke durch gutes Beispiel und nicht durch Besserwisserei!«

Jupiter-Check

Wie wird man mit Jupiters Hilfe innerlich und äußerlich reich? Im alltägliche Tun, bei der Arbeit, im Gefühl der Ordnung.
Wie lässt sich mit diesem Jupiter helfen und heilen? Durch bewusste Ernährung, das Studium von Körper und Geist und Lernen von der Natur.

Jupiter im Zeichen Waage – Das Glück der Liebe
Jupiterstärken Toleranz, Lebenskunst
Jupiterschwächen Eitelkeit, Genusssucht

Die Botschaft Jupiters lautet: »Glück findest du in der Kraft der Liebe. Du brauchst nicht einmal selbst unmittelbar daran teilzuhaben. Auch wenn andere Menschen sie entdecken, fühlst du dich angenommen, zu Hause, eins mit der Schöpfung. Noch göttlicher ist es natürlich, wenn Amor dich selbst trifft. Auf einer Wolke schwebst du, im Paradies bist du angekommen … Liebe ist deiner Meinung nach Ursprung und Ziel allen Seins. Gott ist die Liebe, und das Leben entspringt aus ihr. Der Liebe gibst du alles. Umgekehrt beschenkt sie dich auch. Du kannst andere tief berühren, trösten, erfreuen und aufbauen.

Auch der Kunst gehört dein Herz. Allerdings zählt für dich nur das dazu, was von Liebe getragen ist und Harmonie und Stimmigkeit ausdrückt. Im Grunde schlummert in dir selbst ein Künstler, der darauf wartet, seine Fähigkeiten zum Fließen bringen zu können. Wovor du dich hüten musst, ist, dich von Liebe und Harmonie einlullen zu lassen. Alles im Leben hat zwei Seiten. Zur Liebe gehört Auseinandersetzung und zur Harmonie Spannung. Nur wenn du das Gleichgewicht zwischen beiden Seiten findest, ist die Liebe vollendet.«

Jupiter-Check
Wie wird man mit Jupiters Hilfe innerlich und äußerlich reich?
Indem man verzeiht, liebt, empfangen und geben kann.
Wie lässt sich mit diesem Jupiter helfen und heilen? Allein die Nähe heilt, und Berührungen sind eine Wohltat.

Jupiter im Zeichen Skorpion – Das Glück der Tiefe

Jupiterstärken Tiefgründigkeit, Spiritismus
Jupiterschwächen Exaltiertheit, Despotismus

Die Botschaft Jupiters lautet: »Glück findet sich deiner Meinung nach auf dem Grund aller Dinge, nicht an der Oberfläche. Dieses Wissen habe ich dir verliehen. Du sollst es weiterverbreiten. Was die Welt zusammenhält, ist der ewige Kreislauf von Zeugung, Geburt, Leben und Tod. Alles war schon immer, und alles wird immer sein. Daher musst du dich in besonderer Weise solcher Angelegenheiten annehmen, die ausgegrenzt werden aus dem Ganzen, aber dazugehören. Zum Beispiel ist für dich der Schatten ein notwendiger Teil des Lichts. Du fühlst dich daher veranlasst, dich für Schwächere einzusetzen oder aus der Gesellschaft Ausgeschlossene zu unterstützen. Du weißt instinktiv, dass es dem Leben schadet, wenn nicht alle Seiten integriert werden.

Mein heilendes Jupiterfeuer lodert in dir sehr stark. Wie Pollux einst seinem toten Bruder Castor in die Unterwelt folgte, um ihn zu retten, bist du bereit, die größten Unannehmlichkeiten auf dich zu nehmen, damit das Leben keinen Teil verliert. Du bist daher der geborene Retter und Heiler, gleich, ob du diese Gaben in einem Beruf ausübst oder sie als selbstverständlichen Beitrag in deinen Alltag einbringst. Wovor du dich hüten musst, ist, dem Dunklen und Schatten zu sehr zu verfallen – und das Helle nicht mehr klar zu sehen.«

Jupiter-Check

Wie wird man mit Jupiters Hilfe innerlich und äußerlich reich?
Indem man das Offensichtliche hinterfragt, in die Tiefe geht, abwartet und einfach *ist*.

Wie lässt sich mit diesem Jupiter helfen und heilen? Indem man sich derer annimmt, die ein Schattendasein führen.

Jupiter im Zeichen Schütze – Das Glück der Weisheit

Jupiterstärken Idealismus, Glaube,
religiöse Erfahrung, Sinnsuche
Jupiterschwächen Schwärmerei, Naivität,
Dogmatismus

Die Botschaft Jupiters lautet: »Du bist auf der Welt, um das Glück zu suchen. In dir lebt die Geschichte aller fahrenden Völker fort, der Nomaden und Boten, herumziehenden Bader, Gaukler, Barden und Geschichtenerzähler. Letztlich ist es die Suche nach dem Heiligen Gral, nach Erleuchtung, der blauen Blume, der Quintessenz der Alchemie. Glaube ist für dich Realität, Gott ist nicht irgendwo unerreichbar, sondern überall. Auf dem Weg zu sein ist für dich das Ziel.

So verbreitest du die Wahrheit des Vielen und nicht die des Einen. Deswegen bist du so tröstlich für diese Welt: Denn du hast immer noch eine Perspektive, siehst immer noch eine Möglichkeit. Nichts ist für dich aussichtslos: Viele Wege führen nach Rom, und kein Problem ist so groß, dass es nicht doch eine Lösung gäbe.

Das Feuer, das ich, dein Jupiter, dir in die Hände gebe, heißt Weisheit. Wovor du dich allerdings hüten musst, ist, das Kind mit dem Bade auszuschütten. In deinem heilsamen Krieg gegen die Blindheit der Menschen läufst du Gefahr, selbst blind und einseitig zu werden.«

Jupiter-Check

Wie wird man mit Jupiters Hilfe innerlich und äußerlich reich? Durch die Suche nach Sinn und Göttlichkeit.
Wie lässt sich mit diesem Jupiter helfen und heilen? Durch eine Lebensweise, die Hoffnung verbreitet.

Jupiter im Zeichen Steinbock – Das Glück des Erfolgs
Jupiterstärken Führungsqualität, Ausdauer
Jupiterschwächen Lehrmeisterei

Die Botschaft Jupiters lautet: »Glück ist für dich, deine Arbeit getan zu haben und Ruhe und Sammlung dankbar zu genießen. Glück ist für dich aber auch, sich einer Sache vollständig zu verschreiben, ihr zu gehören, bis sie vollbracht ist. Darin gleichst du einem Bergsteiger, der nicht eher ruht, als bis er auf dem Gipfel steht und dort nach dem nächsten Ausschau hält. Du bist ein Mensch, der sich selbst antreiben und motivieren kann.

Ich, dein Jupiter, befähige dich auch, zu einem Führer zu werden, einer, der anderen vorausgeht. Um das zu leisten, was dein Karma ist, brauchst du Kraft, Ausdauer und Zähigkeit. Du bist hart zu dir selbst, weil du weißt, dass deine Ziele keine Schonung dulden. Das Gleiche erwartest du allerdings auch von anderen, was manchmal dazu führt, dass diese dich fürchten und dir aus dem Weg gehen. Daher ist es für dich wichtig, zu erkennen, dass nicht alle Menschen aus dem gleichen (harten) Holz geschnitzt sind wie du. Entwickle Geduld, Nachsicht und Toleranz für deine Mitmenschen, und du wirst eines Tages den höchsten Berg bezwingen, nämlich den der Weisheit.«

Jupiter-Check
Wie wird man mit Jupiters Hilfe innerlich und äußerlich reich? Durch Arbeit und Übernahme von Verantwortung, durch Demut.
Wie lässt sich mit diesem Jupiter helfen und heilen? Durch vorbildliches Verhalten, durch richtige Führung.

Jupiter im Zeichen Wassermann – Das Glück des Wandels
Jupiterstärken Humanismus, Toleranz
Jupiterschwächen Autoritätskonflikte

Die Botschaft Jupiters lautet: »Glück ist für dich das Gefühl, vorwärtszuschreiten, nicht stehen zu bleiben und deinen Idealen von einer gerechten, liebevollen Welt näherzukommen. Du unterstellst dich selbst dem Fortschritt, arbeitest, und wenn es nötig ist, kämpfst für ihn. Es geht dir nicht um deine eigene Zukunft. Du bist ein Philanthrop, ein Menschenfreund, der an das Gute glaubt. Dabei unterstützt du Eigenverantwortung und Autonomie. Hilfe zur Selbsthilfe: So lautet dein Programm. Es fällt dir schwer, dich in eine Hierarchie einzuordnen. Ungleichheit zwischen den Menschen ist für dich ein Greuel. Die Kraft deines Glaubens an eine positive Zukunft macht dich für diesen Planeten so wichtig. Denn deinen Visionen ist es zu verdanken, dass die Welt nicht stehen bleibt, sondern sich immer weiterentwickelt.
Wovor du dich in Acht nehmen musst, ist, das Alte nicht völlig zu verwerfen. Du beraubst dich sonst deiner eigenen Wurzeln. Dann aber wird auch der Fortschritt illusorisch.«

Jupiter-Check
Wie wird man mit Jupiters Hilfe innerlich und äußerlich reich?
Durch Arbeit für eine bessere Zukunft.
Wie lässt sich mit diesem Jupiter helfen und heilen? Durch Vermittlung neuer Perspektiven, durch solidarische Unterstützung und Veränderung.

Jupiter im Zeichen Fische – Das Glück des Seins
Jupiterstärken Liebe, Mitgefühl, Intuition
Jupiterschwächen Helfersyndrom

Die Botschaft Jupiters lautet: »Glück bedeutet für dich, eins zu sein mit der Schöpfung – ähnlich einem Tropfen, der ins Meer fällt und eins wird mit dem Ganzen. Dein Leben richtet sich nach dem Ideal der Selbstlosigkeit und dem Zurückstellen eigener Bedürfnisse hinter das Wohlergehen des größeren Ganzen. Soziales Engagement ist für dich kein politisches Schlagwort, sondern selbstverständliche Lebensqualität. Du bist sensibel, empörst dich über Ungerechtigkeit und Lieblosigkeit. Ich, dein Jupiter, verleihe dir eine besondere Magie, die Leid und Traurigkeit auflösen kann. Du tust aber gut daran, diese Fähigkeit weiterzuentwickeln, indem du zum Beispiel Heilpraktiker wirst oder dich mit Themen beschäftigst, die deine Anlagen fördern.

Da du dich oft an großen Idealen orientierst, macht dir der Umgang mit der unmittelbaren, konkreten Wirklichkeit mitunter Mühe. Des Weiteren ist es wichtig, dass du dich als Helfer nicht ausnutzen lässt. Du musst lernen, dich abzugrenzen.«

Jupiter-Check
Wie wird man mit Jupiters Hilfe innerlich und äußerlich reich? Durch Hingabe an das, was ist, durch Liebe des Ganzen.
Wie lässt sich mit diesem Jupiter helfen und heilen? Es sind große heilerische Fähigkeiten vorhanden, die aber gefördert werden sollen.

Saturn – Zum Diamanten werden

Die Bedeutung Saturns

Früher galt Saturn in der Astrologie weithin als Übeltäter, als Verkörperung des Schlechten und Bösen. Er scheint es darauf abgesehen zu haben, uns das Leben so schwer wie irgend möglich zu machen. Wie der Drache im Märchen verkörpert er Gefahr, Schrecken, ja, zuweilen sogar den Tod. Daher finden sich alte Darstellungen, auf denen Saturn häufig als Knochengerüst mit Sense zu sehen ist, das alles erbarmungslos niedermäht. Saturn kennt kein Mitleid, keine Gnade. Er wirft den Menschen ihr Schicksal vor die Füße – und es bleibt nichts anderes, als es zu nehmen und zu tragen.

Heutzutage wird seine Wirkung positiver gesehen: Wenn Saturn einen noch so sehr plagt, schikaniert, an den Abgrund heranführt, dann hilft er ebenso, sich gegen die Unbilden des Schicksals zu wappnen. Er »schmiedet« den Menschen, macht ihn hart, widerstandsfähig und ausdauernd. Wer immer etwas Großes erreicht in seinem Leben, der schafft es mit Hilfe Saturns und seiner (oft) grausamen Wechselbäder. Da, wo im Horoskop der Planet Saturn steht, muss der Mensch also lernen, in die Schule gehen, dort wird er gestreckt und zusammengeschoben, kritisiert und tyrannisiert, trainiert und behindert – bis er nahezu Perfektion erlangt: Vollkommenheit und Reinheit. Vom Rohling zum Diamanten, so lässt sich das Wirken Saturns zusammenfassen.

Und dennoch geht es dabei keineswegs ausschließlich um Härte, Ausdauer, Übung, Verzicht und unermüdliches Arbeiten an sich selbst. Der Weg zur Vollkommenheit führt unmittelbar am Fluss der Gnade entlang. Saturn ist kein kalter, gemeiner, fordernder Feind, dem gegenüber es sich zu wappnen und zu rüsten gilt. Er verlangt, nein, er verdient Ehrfurcht, Demut, Liebe.

♄ Das astrologische Symbol besteht aus einem Halbkreis, der dem Kreuz untergeordnet ist. Es drückt aus, dass das Seelische (Halbkreis) unter dem Materiellen (Kreuz) steht, ihm untergeordnet ist.

Auf den folgenden Seiten finden sich die zentralen Eigenschaften der Saturnposition in einem Horoskop. Bei der individuellen Anwendung ist einmal mehr zu berücksichtigen, dass diese Stellung stets auch durch Verbindungen mit den übrigen Gestirnen eine andere Färbung bekommen und im Einzelfall auch einmal stark von den hier genannten Deutungen abweichen kann.

Ihre exakte Saturnposition können Sie wieder über die Homepage des Autors herunterladen (www.bauer-astro.de).

Der Steinbock und seine Saturnzeichen

Saturn im Zeichen Widder – Über die Kraft herrschen

Saturnstärken Ehrgeizig, machtvoll, führungsbegabt, durchsetzungsstark, edel
Saturnschwächen Rechthaberisch, sarkastisch, bösartig, bissig, gemein

Die Botschaft Saturns lautet: »In deinem Leben geht es darum, deine Wildheit zu bändigen, deine Emotionen zu zügeln und deinen persönlichen Willen einem höheren Ziel, einer Idee mit allgemeinem Wert unterzuordnen. Stell dir mich, Saturn, als ›Pferdeflüsterer‹ und das Widderzeichen als ein wildes Pferd vor, aus dem ein edles Ross werden soll, das dem Reiter seine feurige Energie voll und gern zur Verfügung stellt.

Viele Menschen mit dem Saturn im Zeichen Widder tendieren allerdings dazu, ihre Wildheit zu brechen, sie zu unterdrücken. Sie verdrängen und vergessen sie und sind schließlich im Besitz eines, um es salopp auszudrücken, alten Kleppers. Damit du nicht in diesen Zustand gerätst, bedarf es großer Geduld und harter Arbeit an dir selbst. Du musst die Auseinandersetzung mit dem Leben als Läuterungsprozess begreifen und Kritik nicht als Verhinderung oder Bösartigkeit des Schicksals, sondern als einen Wink Saturns nehmen. Wichtig ist auch, dass du deine Emotionen, Wünsche und Sehnsüchte hinterfragst und diesem Prozess der Katharsis unterordnest.«

Saturn-Check
Wo muss man sich diesem Saturn beugen? Man muss sein Feuer zähmen und sich in Geduld üben.
Welche Mittel und Methoden wendet Saturn an? Vollkommenheit soll erreicht werden durch Verhinderung, Kritik und Strafe.
Worauf muss man achten? Nicht zu streng und rechthaberisch zu werden.

Saturn im Zeichen Stier – Über die Lust herrschen
Saturnstärken Beharrlichkeit, Festigkeit, Standhaftigkeit, Sparsamkeit
Saturnschwächen Geiz, Gefühllosigkeit, Sturheit, Gier, Neid, Existenzangst

Die Botschaft Saturns lautet: »Du musst deine Lust und deine Gier kontrollieren. Denn du neigst dazu, dass du mehr und härter arbeitest, als dir guttut, dass du nervös und gestresst bist und schließlich arbeitsunfähig wirst. Überdies tendierst du dazu, dein Geld in Geschäften anzulegen, die du nicht übersiehst, und am Ende ergeht es dir wie ›Hans im Glück‹: Du besitzt gar nichts mehr. Du läufst also Gefahr, über deine Verhältnisse zu leben, und das von Kindesbeinen an.

Dramatische Auseinandersetzungen mit Eltern und anderen Erwachsenen sind die Folge, wobei in deinen Augen zunächst immer die anderen die ›bösen, versagenden und missgünstigen‹ Menschen sind. Aber es ist mein Einfluss, der dir das Leben schwermacht. Ich, Saturn, verlange Verzicht – und das gerade dort, wo du am meisten Spaß hast. Das ist ein harter, mühsamer, frustrierender Weg. Auf diese Weise entwickelst du jedoch eine besonders feine Sinnlichkeit, wirst zum Genießer der kleinen Dinge und der wirklichen Köstlichkeiten des Lebens.«

Saturn-Check

Wo muss man sich diesem Saturn beugen? Seiner Lust und seinen Wünschen nicht nachgeben, Vorsicht beim Streben nach materiellen Werten.

Welche Mittel und Methoden wendet Saturn an? Der Weg führt durch Leid, Schmerzen, Versagung und Verhinderung, unter Umständen auch durch Krankheit.

Worauf muss man achten? Sich nicht kasteien und sich und den anderen so die Lust am Leben nehmen.

Saturn im Zeichen Zwillinge – Über die Leichtfertigkeit herrschen

Saturnstärken Klarheit, Überblick,
das Wesentliche erkennen, literarisches
Geschick, geistige Wendigkeit
Saturnschwächen Die Wahrheit verdrehen,
Unsicherheit, Besserwisserei, Charakterschwäche

Die Botschaft Saturns lautet: »Deine Aufgabe ist es, dich im Leben nicht zu verzetteln, die Wahrheit zu finden und nicht ihren Schein, Wissen zu erwerben, das wirklich nützlich ist. Du gehst dein Lebtag lang in eine Schule, in der du lernst, stetig besser zu werden, immer mehr Kenntnisse zu erwerben. Aber dieses ›Besser‹ und dieses ›Mehr‹ sind nicht einfach quantitativ gemeint. Es geht um einen großen Reifungsprozess.

Was ist der Grund, dich dermaßen streng zu disziplinieren? In deiner Persönlichkeit findet sich ein unglaublich leichtfertiger Anteil. Aus der Sicht des (Über-)Lebens heraus braucht es daher eine andere, eben die saturnische Kraft, damit du dir nicht aus dieser Gedankenlosigkeit heraus selbst schadest. In deiner Tiefenpsyche herrscht also ein berechtigter Zweifel an deinen Kontrollfunktionen. Das ist der Grund für die Strenge Saturns. Wenn du mit mir, dem Zwillingesaturn, behutsam und richtig umgehst, dann ›schleifst‹ du dich selbst, wirst nicht überheblich, sondern orientierst dich an anderen und suchst dir Lehrer und Meister, die dir helfen, vollkommener zu werden.

Worauf du noch achten musst: Mit dieser Saturnstellung neigt man zu einsamen Entschlüssen. Sozusagen als Gegenreaktion auf die Leichtfertigkeit wird man zum Dogmatiker und Besserwisser, zu einem, der alles mit dem Kopf checkt. Eine solche Haltung entspricht nicht meinem Wunsch.«

Saturn-Check

Wo muss man sich diesem Saturn beugen? Lernen, Kritik konstruktiv zu nehmen. Man muss über sämtliche Konsequenzen seines Verhaltens Bescheid wissen.

Welche Mittel und Methoden wendet Saturn an? Mit Verhinderung, Misserfolg und Demütigung muss man rechnen.

Worauf muss man achten? Nicht dogmatisch und überheblich zu werden. Auch vor allzu großer Strenge muss man sich hüten.

Saturn im Zeichen Krebs – Über die Gefühle herrschen

Saturnstärken Selbstbeherrschung, seine Gefühle im Griff haben, zum Kern vordringen, Distanz, Wahrhaftigkeit, Zuverlässigkeit

Saturnschwächen Gefühlskälte, Rückzug, Misstrauen, Pessimismus

Die Botschaft Saturns lautet: »Aus einem Wesen, das seinen Instinkten, seinem ›Bauch‹ folgt, soll ein Mensch werden, der sein Leben nach Einsicht, Wahrheit und höherem Wissen steuert. Der Weg ist überaus schwierig und schmerzlich. Saturn hat dir nämlich Angst vor dem Glück und sogar vor der Liebe eingepflanzt. Als wäre es für dich verboten, Zufriedenheit zu kosten, als müsstest du immer wieder die Erfahrung machen, dass das Leben bitter ist.

Woher kommen diese Ängste? Deine Psyche ist geprägt von traumatischen Erfahrungen. Es kann sein, dass sie aus früheren Leben stammen. Es ist aber genauso möglich, dass du mit bestimmten existenziellen Erfahrungen deiner Ahnen verbunden bist. Jedenfalls lebt in dir die Angst fort, deine Gefühle könnten missbraucht werden, so wie es schon einmal geschehen ist. Deswegen misstraue ich, Saturn im Zeichen Krebs, grundsätzlich allen Empfindungen. Es ist reiner Schutz. Du sollst über die Gefühle hinauswachsen, unabhängig und frei von ihnen werden.

Aber du darfst mich auch nicht zum Alleinherrscher über dein Leben erheben und grundsätzlich vor allen Regungen davonlaufen. Du sollst klüger, erfahrener ins Leben treten, damit dir nichts Schlechtes widerfährt. Ziel deines Daseins ist es, deine Vergangenheit zu überwinden, nicht vor ihr zu kapitulieren. Stell dich deinen Gefühlen! Du bist kein Kind mehr, das man verletzen kann. Du bist eine erwachsene, starke Persönlichkeit!«

Saturn-Check
Wo muss man sich diesem Saturn beugen? Der Weg führt durch Leid, Schmerzen, Versagung und Verhinderung, unter Umständen auch durch Krankheit.
Welche Mittel und Methoden wendet Saturn an? Angst, Schmerzen, Versagung und Leid.
Worauf muss man achten? Das »Kind nicht mit dem Bad auszuschütten« sowie Gefühle zu missachten und zu unterdrücken.

Saturn im Zeichen Löwe – Über das Ego herrschen
Saturnstärken Selbstbeherrscht, erhaben, edel, vollendet
Saturnschwächen Arrogant, selbstherrlich

Die Botschaft Saturns lautet: »Du bist dafür bestimmt, das Höchste anzustreben – und musst doch immer wieder die Erfahrung machen, ganz unten zu sein. Durch mich, Saturn im Zeichen Löwe, werden Menschen geschmiedet, die Ruhm und Ehren erwerben, Meister und Führungspersönlichkeiten. Aber der Weg dorthin ist beschwerlich. Du wirst viel erdulden, durchmachen und verstehen müssen. Das Leben pendelt zwischen Macht und Ohnmacht, zwischen Stolz und Scham hin und her. Allmählich entwickelst du vielleicht Angst vor Macht, Verantwortung und Erfolg – und wirst doch davon auch regelrecht angezogen.

Diese Saturnposition kann mit der Zeit zu Unlust dem Leben gegenüber führen. Dagegen musst du dann selbst ›zu Felde ziehen‹. Zuvor aber brauchst du die Einsicht, was ich eigentlich bezwecken möchte. Bedenke, dass diese Stellung die Folge von Machtmissbrauch ist. Vielleicht hast du in einem früheren Leben versagt, die Verantwortung nicht übernommen. Vielleicht trägst du aber auch an einer Schuld der eigenen Ahnen.

Saturn im Zeichen Löwe ›erzieht‹ dich dazu, dein Wirken, dein Verhalten und Sein zu überdenken und hinsichtlich sämtlicher Konsequenzen zu verantworten. Dazu gehört im Besonderen das Verhalten als Vater bzw. Mutter den eigenen Kindern gegenüber. Du musst die Verantwortung selbst dann übernehmen, wenn du nach gängiger Meinung davon freigesprochen wirst, wie zum Beispiel bei einer Krankheit oder einem Unfall.«

Saturn-Check

Wo muss man sich diesem Saturn beugen? Lernen, Verantwortung zu übernehmen.

Welche Mittel und Methoden wendet Saturn an? Man wird behindert, gedemütigt, kritisiert.

Worauf muss man achten? Nicht zu einem lust- und lebensfeindlichen Menschen zu werden.

Saturn im Zeichen Jungfrau – Über den Körper herrschen

Saturnstärken Treue, Anhänglichkeit, Arbeitseifer,
Selbstkontrolle, Genügsamkeit
Saturnschwächen Ernst, Pedanterie, Kritiksucht

Die Botschaft Saturns lautet: »Bei dir trifft Kontrolle auf Kontrolle. Denn allein das Zeichen Jungfrau bedeutet, dass man seine Gefühle, seine Triebe, seinen Sex, seinen gesamten Körper im Griff hat. Wenn dann ich, Saturn, noch hinzukomme, verdoppelt sich die vorsichtige und kritische Einstellung. Bei dermaßen viel Skepsis muss in der Vergangenheit (in einem früheren Leben, in der eigenen Ahnenreihe) etwas geschehen sein, das große Angst hervorgerufen hat: Angst vor Sexualität und dem damit verbundenen Akt der Zeugung, Angst vor Schwangerschaft und Geburt. Saturn in der Jungfrau verweist auf ein ›Versagen‹ in diesem Bereich: Vielleicht musste eine Schwangerschaft abgebrochen werden, möglicherweise kam ein Kind tot zur Welt, oder beide, Mutter und Kind, starben. Durch meine Position wird jetzt ein Riegel vor Sex und Zeugung geschoben, werden die Gefühle blockiert, die Lust verringert, wird versucht, aus dem ›Tiermenschen‹ mit seiner Abhängigkeit von Lust und Trieben einen Homo sapiens im wahrsten Sinne des Wortes, einen ›weisen‹ Menschen zu machen. Ich, Saturn, verhindere also und wecke zugleich die Sehnsucht, das Körperhafte des Lebens zu transformieren, ein Wesen zu sein, dessen Energie nicht aus den Lenden, sondern aus dem Geist kommt. Das heißt beileibe nicht, dass du dich in ein Kloster zurückziehen sollst. Aber du musst dich mit diesem Thema auseinandersetzen. Das bleibt niemandem erspart, dessen Saturn im Zeichen Jungfrau steht.«

Saturn-Check

Wo muss man sich diesem Saturn beugen? Man muss seine Lust kontrollieren.
Welche Mittel und Methoden wendet Saturn an? Versagen, Enttäuschung, Krankheit, darauf muss man gefasst sein. Einsicht ist Bedingung.

Worauf muss man achten? Seine Lust nicht vollständig zu unterdrücken. Lustfeindlichkeit ist nicht das Ziel.

Saturn im Zeichen Waage – Über die Liebe herrschen

Saturnstärken Gerechtigkeitssinn, Ausgewogenheit,
wahrhaftig lieben können
Saturnschwächen Disharmonie, Unzufriedenheit,
Gefühlskälte, Einsamkeit

Die Botschaft Saturns lautet: »Meine Position bedeutet die Aufforderung, nach der ›richtigen, wahren‹ Liebe zu suchen. Ihr muss dein ganzes Sehnen und Streben gelten. Um sie zu finden, wirst du jede Menge Enttäuschungen zu verkraften haben. Denn was du für Liebe hältst – den Rausch der Sinne, überwältigende Gefühle, Herz und Schmerz –, hat vor mir, deinem Saturn, keinen Bestand. In meinen Augen heißt Liebe, dass sich Ich und Du, der eine und der andere, gleichwertig gegenübertreten. Niemand ist kleiner oder größer, gescheiter oder dümmer, wichtiger oder unbedeutender, reifer oder naiver. Das klingt einfach und ganz selbstverständlich, ist es aber nicht. Menschen haben von Natur aus das Bestreben, sich selbst zu verwirklichen, andere hingegen (und dazu zählen auch Partner) hintanzustellen. Darüber hinaus bestehe ich auf Zuverlässigkeit. Vor mir zählt noch das ›eherne‹ Gesetz ›… bis dass der Tod euch scheidet‹.
Es sind gravierende Dinge geschehen (in einem früheren Leben, in der Ahnenreihe), deshalb wache ich, Saturn, jetzt persönlich über die Liebe. Es kam zu unwürdigem Verhalten. Jemand wurde im Stich gelassen. Die Liebe wurde verraten. Herzen wurden gebrochen … Jetzt ›zahlst‹ du dafür. Aber es ist keine Rache oder Strafe. Ich, Saturn, mache mich stark, damit du derlei Fehlverhalten vermeidest. Ich bringe dich auf den Weg.«

Saturn-Check
Wo muss man sich diesem Saturn beugen? Man muss lernen, verbindlich zu sein.
Welche Mittel und Methoden wendet Saturn an? Falsche Liebe, Liebeskummer und Alleinsein drohen.
Worauf muss man achten? Die Liebe nicht restlos zu »vergessen«.

Saturn im Zeichen Skorpion – Über die Vergänglichkeit herrschen

Saturnstärken Tiefe, Zugehörigkeit, Willenskraft, Verbundenheit mit den Ahnen
Saturnschwächen Engstirnigkeit, Fanatismus

Die Botschaft Saturns lautet: »Meine Position verweist auf tragische, leidvolle Erfahrungen. Könntest du dein Leben bzw. das deiner Familie rückwärts abspulen, würden rasch Szenen auftauchen, in denen jemand auf der Flucht, vertrieben, ohne Heimat, ohne Zugehörigkeit ist. Diese Themen beherrschen deine Ahnenreihe weit über deine Großeltern hinaus. Man hat keine richtigen Wurzeln, kein Erbe, das man übernehmen, keine Fußstapfen, in die man treten kann. Wenn man zurückschaut, finden sich Leben ohne Glanz, ohne Würde, ohne Höhepunkt. Daher dränge ich, Saturn, dich mit aller Macht dazu, deinem Leben einen Wert zu verleihen. Denn das Gefühl, dass die eigenen Ahnen ein würdeloses Dasein fristen mussten, formt sich in den Seelen der Nachkommen zu einem großen, mächtigen Anspruch, es besser zu machen, den Gipfel zu ersteigen.
Ich, Saturn im Zeichen Skorpion, veranlasse dich, die dünnen Fäden aus deiner Vergangenheit aufzuspüren und im Laufe deines Lebens ein Netz daraus zu knüpfen – um so wieder einen Halt zu finden. In der Weise, wie du dich umdrehst und vor der Vergangenheit verneigst, bekommst du eine Verbindung zu deinen Vorfahren sowie der eigenen Vergangenheit und erhältst Kraft und Wissen. Das ist der ›Dank der Ahnen‹. Wenn du dich ihrer

annimmst, erfährst du ihren Schutz und bist nie mehr allein im Leben. Hinter dir steht die Kraft der Vergangenheit.«

Saturn-Check
Wo muss man sich diesem Saturn beugen? Sich vor der Vergangenheit verbeugen.
Welche Mittel und Methoden wendet Saturn an? Man muss hohe Ansprüche an sich selbst und sein Leben stellen.
Worauf muss man achten? Nicht in der Vergangenheit zu »ertrinken«, Gegenwart und Zukunft nicht aus den Augen zu verlieren.

Saturn im Zeichen Schütze – Über Wahrheit und Wissen herrschen

> *Saturnstärken* Pioniergeist, Mut, Weisheit, Stärke, Wahrhaftigkeit
> *Saturnschwächen* Dünkel, Zynismus, Grausamkeit

Die Botschaft Saturns lautet: »Dein Leben ist eine Reise zu dir selbst. Du musst dir deinen eigenen Weg suchen! Lass dich nicht von anderen beeinflussen. Hör nur auf dich! Diese starke Hinwendung zu dir selbst ist verbunden mit einer Abkehr von deinem Umfeld und beruht auf einer Reihe großer Enttäuschungen in der Vergangenheit (der eigenen bzw. der Ahnen), bei denen der Glauben an andere Menschen verloren gegangen ist: Vielleicht hat ein Arzt versagt, es ist ihm ein Fehler unterlaufen, oder er hat sich zu wenig Mühe gegeben. Vielleicht wurdest du oder jemand aus deiner Familie in seinem Glauben zutiefst erschüttert, weil ›Gott‹ ein schreckliches Geschehen zuließ, einem nicht beistand. Es gehört auch zur Vergangenheit von Menschen mit dieser Saturnposition, dass sie – um zu überleben – ihrem Glauben abschwören mussten. Jedenfalls bestand am Anfang eine große Hoffnung, die schließlich in einer großen Enttäuschung mündete.
Mit mir, Saturn im Zeichen Schütze, hast du einen Vertrauten an deiner Seite, einen, der hilft, derartige Enttäuschungen zu vermei-

den. Mit mir bist du von vornherein skeptisch. Du kommst bereits mit Misstrauen auf die Welt, und im Laufe der Jahre gewöhnst du dich immer stärker daran, alles in Frage zu stellen. Du wirst ein Mensch, der zwischen Illusion und Wahrheit genau unterscheiden kann. Du wirst weise.«

Saturn-Check

Wo muss man sich diesem Saturn beugen? Er verlangt Selbstvertrauen.
Welche Mittel und Methoden wendet Saturn an? Er führt einen durch Enttäuschungen, Fehlschläge und Irrwege.
Worauf muss man achten? Kein grundsätzliches Misstrauen zu entwickeln, nicht gänzlich an der Welt zu verzweifeln.

Saturn im Zeichen Steinbock – Über sich und andere herrschen

Saturnstärken Klarheit, Standhaftigkeit, Verantwortlichkeit, Führungskompetenz, Selbstbeherrschung
Saturnschwächen Kälte, Rücksichtslosigkeit, Einsamkeit

Die Botschaft Saturns lautet: »Du besitzt einen besonders mächtigen Saturn. Das kommt daher, dass ich der regierende Planet des Tierkreiszeichens Steinbock bin. Ich bin hier zu Hause und kann mich gut entfalten. Meine Kraft verdoppelt sich im Steinbockzeichen. Auf der einen Seite führt dies dazu, dass du kontinuierlich an einer Lebensaufgabe arbeitest. Sie lautet: Du sollst etwas Großes vollbringen!
Auf der anderen Seite führt diese doppelte Saturnkontrolle dazu, sich selbst und vor allem seinen Gefühlen zu misstrauen.
Dies hat seine Wurzeln in der Vergangenheit (in einem früheren Leben, im Leben der Ahnen), in der du bzw. deine Vorfahren ausgenutzt, manipuliert oder sogar missbraucht wurden. Zu denken ist auch an eine Verführung oder einen gewalttätigen Missbrauch von Kindern, wohl die verwerflichste Untat. Irgendetwas in dieser

Art muss Ursache dafür sein, dass du dir heute selbst nicht mehr vertraust. Für dich sind Menschen gefährlich, unberechenbar, zu allem fähig.

In der Weise, wie du älter wirst und erfährst, dass das Leben, du und die anderen berechenbar sind, wirst du neues Vertrauen schöpfen. Du wirst neue Gefühle entdecken, solche, die weniger aus dem Bauch, sondern aus dem Herzen kommen. Du wirst lieben, mit anderen Menschen zusammen sein, aber auch allein sein können. Du wirst unabhängig, selbständig, und dein Leben wird getragen von Stimmigkeit und Zufriedenheit. Jetzt obliegt dir auch, andere zu führen. Denn du wirst sie nicht ›verkrüppeln‹ und ›züchtigen‹, sondern zu Weisheit und Liebe führen.«

Saturn-Check
Wo muss man sich diesem Saturn beugen? Man muss lernen, Herr seiner selbst zu sein.
Welche Mittel und Methoden wendet Saturn an? Angst, Vorsicht, Enttäuschung.
Worauf muss man achten? Kein Einsiedler und kein Menschenfeind zu werden.

Saturn im Zeichen Wassermann – Über das Chaos herrschen
Saturnstärken Individualität, Erfindungsgabe, Menschlichkeit
Saturnschwächen Chaotisch, verwirrt und verrückt sein, Hochstapelei

Die Botschaft Saturns lautet: ›Du suchst etwas besonders Wertvolles im Leben, nämlich Individualität. Einzigartigkeit ist kostbar. Zwar sagt man leicht dahin, jemand sei ein Individuum. Aber das ist hier nicht im formellen Sinne gemeint. Ein wirkliches Individuum besitzt einen eigenen Charakter, etwas Besonderes und Einmaliges. Dadurch unterscheidet sich der Einzelne von allen anderen Menschen, vergleichbar einem als Solitär dastehenden

Baum in einer Landschaft. Dieser Wunsch nach Einmaligkeit ist uralt. Du trägst ihn schon lange mit dir herum (viele Leben, durch Generationen hindurch). Du bist aus der Gesellschaft ausgebrochen, hast deine Familie verlassen – immer auf der Suche nach Freiheit, nach Individualität. Du hast Menschen mit anderem Glauben, aus anderen Ländern und aus anderen sozialen Schichten geliebt. Kinder kamen, noch bevor ein längeres Zusammenleben überhaupt zur Diskussion stand. Du selbst entstammst letztlich einer derartigen ›Augenblicksverbindung‹. Du verdankst dein Dasein einem sogenannten Zufall, einer Laune des Schicksals sowie der Spontaneität und Freiheit deiner Vergangenheit.

Aber du warst auch blind und unwissend und erlebtest daher grandiose Irrungen und Verwirrungen. Du erlittest die große Angst vor dem Chaos, vor einem Sein ohne Ordnung und Sicherheit. Du wurdest ausgestoßen und verbannt, verjagt und geächtet. Jetzt begleitet dich Saturn. Mit mir wirst du dein freies Leben fortführen und dich dabei immer sicherer am Chaos vorbeimanövrieren.«

Saturn-Check

Wo muss man sich diesem Saturn beugen? Man muss lernen, seine Individualität zu leben, ohne im Chaos unterzugehen.

Welche Mittel und Methoden wendet Saturn an? Reinfall, Bruchlandung und Fehlentscheidung.

Worauf muss man achten? Dass man den Kontakt zu anderen Menschen nicht verliert.

Saturn im Zeichen Fische – Sein Mitgefühl beherrschen

Saturnstärken Toleranz, Opferbereitschaft, Weitblick, Visionen
Saturnschwächen Ich-Schwäche, Isolation, Selbstzweifel

Die Botschaft Saturns lautet: »Wie im Märchen wird dir aufgetragen, dich auf eine Reise zu begeben. Wohin? Vielleicht zum Ende des goldenen Regenbogens. Ans Ende der Welt. Oder nirgendwohin. Mit mir, Saturn im Zeichen Fische, ist dir ein Geheimnis in die Wiege gelegt. Aber mehr weiß man nicht. Das Geheimnis hat damit zu tun, dass in deiner Vergangenheit (in einem früheren Leben, in deiner Ahnenreihe) jemand verschwiegen wurde: ein Kind, eine andere Frau, der richtige Vater … Dieses verleugnete, verheimlichte Leben fehlt jetzt deiner Seele, und sie sucht danach, ohne dass du es selbst bewusst wahrnimmst.

Dir ist infolgedessen ein besonderes ›Organ‹ für Unrecht und Lüge gegeben. Wo immer in dieser Welt Unrecht geschieht, leidest du mit. Jedes Leid ziehst du regelrecht an. Aber das hat auch fatale Folgen für die Liebe. Du neigst dazu, dir einen Partner zu suchen, der ganz besonders der Zuwendung bedarf, weil er unglücklich ist. Dann kannst du ihm – so meinst du zumindest – all das angedeihen lassen, was in der Vergangenheit nicht geschehen ist: grenzenlose Liebe. Du nimmst ihn an. Du bist für ihn da. Du verstößt ihn nicht. Aber das ist der falsche Weg. Du musst mit der Vergangenheit fertigwerden und sie nicht ständig vor dir hertragen. So wiederholst du nur dein Karma. Du brauchst nicht aufzuhören, andere zu lieben. Aber du darfst das rechte Maß nicht aus den Augen verlieren.«

Saturn-Check

Wo muss man sich diesem Saturn beugen? Man muss sich mit seiner Vergangenheit auseinandersetzen.
Welche Mittel und Methoden wendet Saturn an? Desillusionierung und Enttäuschung.
Worauf muss man achten? Die Vergangenheit nicht endlos zu wiederholen.

Zum Schluss

Seit nunmehr über dreißig Jahren beschäftige ich mich mit Astrologie. In dieser Zeit entstanden über sechzig Bücher zu diesem Thema. In zahlreichen Journalen und Zeitungen finden sich regelmäßig wöchentliche, teilweise sogar tägliche astrologische Beiträge von mir. In Einzelsitzungen, Seminaren, Aus- oder Weiterbildungen bin ich in meiner Tätigkeit als Astrologe einigen tausend Menschen begegnet.

Bei der ausgiebigen und intensiven Beschäftigung mit der Astrologie war mir immer daran gelegen, mich diesem geheimnisvollen »Kult« auf verschiedenen Ebenen zu nähern: auf einer leichten, unterhaltsamen in manchen journalistischen Beiträgen und auf einer ernsthaften, in die Tiefe führenden in meinen Büchern. Die populäre, eher spielerische Variante, wie sie Zeitungen oder Zeitschriften präsentieren, rückt die astrologischen Gegebenheiten ins Bewusstsein der Leser, macht neugierig und bewegt den einen oder anderen dazu, sich näher damit zu befassen. Die Astrologie scheint ohnehin eine ausgesprochen volkstümliche Komponente zu haben. Ich bin immer wieder erstaunt, dass eigentlich jeder, egal, ob er sich mit ihr beschäftigt hat oder nicht, gleich mitreden kann. Er »weiß« etwas über den Widder, den Stier, den Zwilling oder die Jungfrau. Ich bin überzeugt, dass es diese Nähe zum Alltag und Normalen ist, die die Astrologie letztendlich unverwüstlich gemacht hat.

Ich habe Psychologie studiert und war zehn Jahre lang als Psychotherapeut aktiv. Mein Wechsel zur Astrologie geschah langsam und voller Skepsis. Wie jeder denkende Mensch ist auch mir ein Zusammenspiel von kosmischen Bewegungen und menschlichem Sein nahezu unvorstellbar. Aber ich wurde immer wieder eines Besseren belehrt: Es existieren Parallelen respektive Analogien zwischen »oben« und »unten«. Doch diese Verbindung ist nicht fest oder mechanisch. Es gibt Widersprüche, Ausnahmen, Irrungen und Verwirrungen. Jeder, der sich tiefer mit der Astrologie beschäftigt, betritt früher oder später einen Raum, der voller

Wunder, aber auch voller Rätsel ist. Aus einem Horoskop lassen sich unglaubliche Schlussfolgerungen ziehen, die zum Beispiel einem Psychologen – wenn überhaupt – erst nach langen Explorationen zugänglich werden. Ein Horoskop beleuchtet das Wesen eines Menschen, offenbart seine Herkunft, seine Stellung in der Welt und seine Zukunft. Dennoch steht man auch immer wieder vor Abweichungen und Ausnahmen.

»Astra inclinant, non necessitant«, zu Deutsch: »Die Sterne machen geneigt, doch sie zwingen nicht.« Dieses berühmte und beflügelnde Zitat, das Thomas von Aquin (1225–1274) zugeschrieben wird, hat mich immer bei meiner Arbeit begleitet. Heute würde ich es sogar folgendermaßen umformulieren: »Die Sterne lösen Rätsel und decken Geheimnisse auf. Aber sie schaffen auch viele neue …«